그때는 그랬다

현 대 수 필 가 1 0 0 인 선 Ⅱ · 44

그때는 그랬다

하병주 수필선

수필과비평사 · 좋은수필사

■ 책머리에

수필은 누구나 부담 없이 읽고, 마음만 먹으면 직접 쓸 수도 있는 가장 친근한 문학이다. 다른 영역의 문학이 영상매체에 밀려 신음하고 있는 중에도 수필 인구만은 날로 증가하여 바야흐로 수필 전성시대를 구가하고 있는 이유도 거기에 있을 것이다.

시대적 추세에 힘입어 수많은 수필전문지, 수필동인지가 창간되고, 이에 비례하여 신진 수필가도 날로 늘어나다 보니 이제는 그 많은 작가, 그 많은 작품 중에서 문학성 높은 작품을 가려 읽는 일이 쉽지 않게 되었다. 이런 현상은 작가에게나 독자에게나 결코 바람직한 일이 아니다. 더 나아가서는 수필을 연구하는 후세들에게도 큰 부담이 될 것이다.

이런 문제를 해결하는 데는 출판인도 마땅히 한몫을 감당해야 한다는 평소의 소신에 따라, 본사가 기꺼이 그 역할을 맡기로 했다. 그 첫 번째 사업으로 시대를 대표할 만한 수필가 100인을 선정하고, 작가가 자선한 40편 내외의 작품을 수록한 문고본을 발간하여 이를 널리 보급함으로써 그 소임을 다하고자 한다.

본사는 사명감을 가지고 이 사업을 추진해 나가기로 했다. 작가 선정을 전담할 편집위원회를 구성하고 전권을 위임하여 일체의 사적인 정실이나 청탁을 배제함으로써 전문성과 공정성을 확보해 나갈 것이다.

따라서 이 기획물 속에는 작가의 문학정신뿐만 아니라, 본사의 문학사적 기여 의지와 편집위원 제위의 수필문학에 대한 애정과 문인으로서의 양심이 함께 담겨 있음을 자부한다. 다만, 작가를 선정하는 기준에는 많은 견해의 차이가 있을 수 있고, 선정 과정에서도 미처 챙기지 못한 부분이 있을 것이라는 사실만은 인정하지 않을 수 없다. 이 점에 대해서는 관계자 여러분의 양해 있으시기 바란다.

이 시리즈의 발간 순서는 작가, 또는 본사의 사정에 의한 것일 뿐 그 밖의 어떤 기준도 적용하지 않았음을 밝힌다.

본 기획물이 시대를 초월한 많은 수필 애호가들의 관심과 애정 속에 우리나라 수필문학 발전에 한 이정표가 되기를 바랄 뿐이다.

본사에서는 이상과 같은 취지로 『현대수필가 100인선』 전 100권을 완간하여 큰 반향을 불러일으킨 바 있다.

그러나 우리 수필문단의 규모나 수필문학의 수준에 비추어 선정 작가를 100인으로 한정하는 것은 형평성이나 효율성 면에서 크게 부족하다는 의견이 많았고, 본사 또한 이를 통감하던 터라 기꺼이 『현대수필가 100인선 Ⅱ』를 발간하기로 했다.

본사의 충정에 찬동하여 출판에 응해주신 저자 여러분께 진심으로 감사한다.

2014년 9월

수필과비평 · 좋은수필 발행인 서정환
현대수필가 100인선 간행 편집위원 박재식 최병호
정진권 강호형
오세윤

1_ 농토산이

2_ 어느 경비원의 한숨

3_ 놀부의 후예

4_ 따뜻한 거리

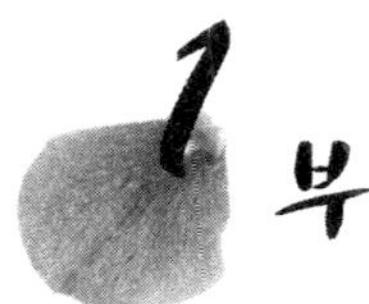

1부

그때는 그랬다

잘 있거라 아우들아 정든 교실아/ 선생님 저희들은 물러갑니다

부지런히 더 배우고 얼른 자라서/ 새 나라의 새 일꾼이 되겠습니다

ㅡ졸업식 노래 2절 ㅡ 윤석중 작사 정순철 작곡

시상식과 졸업장 수여에 이어 사친회장님과 면장님이 축사를 하고 교장 선생님의 송별사가 있었다. 그리고 재학생의 송사와 졸업생의 답사로 이어졌다. 송사를 하는 재학생이나 답사를 하는 졸업생 모두 울먹이느라 한참씩 말이 끊겼다. 마지막으로 졸업식 노래를 불렀다.

"빛나는 졸업장을 타신 언니께….''로 시작되는 1절은 재학

생이, 2절은 졸업생이, 그리고 "앞에서 끌어주고 뒤에서 밀며…."로 시작되는 3절은 졸업생과 재학생이 함께 불렀다. 1절을 부를 때부터 여기저기서 훌쩍거리는 소리가 나기 시작하다가 2절 때는 엉엉 우는 아이가 많았고, 3절 때는 아예 울음바다로 변하여 노래가 제대로 되지 않았다. 특히 여생도 중에는 큰 소리로 우는 애가 많았다. 나는 사내가 운다는 것이 창피해서 참으려고 안간힘을 썼지만 자꾸만 눈물이 흐르고 코를 훌쩍거렸다. 내빈석에는 흰 두루마기에 갓을 쓴 할아버지 몇 분과 흰 저고리와 검정 통치마에 낭자머리를 한 어머니들이 엄숙한 자세로 앉아 있었다. 옷소매로 눈시울을 훔치는 어머니도 보였다.

양지바른 밭둑에 쑥과 냉이가 파릇파릇 돋아나기 시작하는 이른 봄 어느 날, 순천 주암국민학교 제33회 졸업식장, 전교생 900여 명에 졸업생은 두 개 반 합해서 100명 미만이었다.

식이 다 끝난 후, 우리 2반 졸업생들은 담임선생님과 함께 교실로 옮겨가 자리에 앉았다. 정든 교실, 자기 자리에 마지막으로 앉아보는 시간이었다. 우리 반은 남녀 합해서 48명이 졸업했다. 원래는 50명이었는데 여생도 1명은 결혼으로, 남생도 1명은 가정 형편상 중퇴를 했던 것이다. 그때 우리 반에는 제 나이에 입학한 아이들보다 몇 살씩 나이 많은 애들이 반도 넘었다. 6 · 25때 학교를 중단했거나 처음부터 다니지 않다가 중간에 월반해서 입학하는 바람에 스무 살짜리도 있었다. 우리

2반은 그렇게 취학한 생도들을 모아놓은 반이었다.

48명 중에서 중학교에 진학한 사람은 여생도 한 명을 포함해서 7명뿐이었다. 가정 형편이 어려워 아예 진학을 포기한 경우가 많았지만 입학시험에 합격하지 못해서 못 가는 경우도 적지 않았다. 우리 학교는 사방이 산으로 둘러싸인 작은 면 소재지에 있었고 중학교도 없는 곳이었다. 그래서 순천이나 광주 같은 도시로 나가야 중학교에 다닐 수 있었고, 입학시험에 합격하는 것이 집안의 큰 경사요, 동네의 화젯거리였다. 하지만 경제적인 어려움 때문에 부모들의 부담이 컸다. 그래서 그때 유행했던 우스갯소리가 있다. "합격하면 좋고 떨어지면 더 좋고."

담임 정 선생님이 살짝 웃음 띤 얼굴로 교단에 섰다. 그때 선생님은 40대 중반으로 학교 옆 관사에 살고 있었다. 선생님은 진학 대상자 중 여건이 되는 애들 몇 명을 관사에 합숙시키면서 특별지도를 했다. 과외공부를 시킨 것이다. 물론 과외비는 없었다. 지금 생각해보면 정 선생님은 참으로 진정한 교육자였다. 이미 세상을 떠나신 지 오래다.

우리의 얼굴을 죽 둘러보던 선생님이 입을 열었다.

"이제 우리 모두 헤어져야 할 때가 되었다. 여러분들, 그동안 나의 말에 잘 따라줘서 고맙다. 지금부터 한 시간 동안 하고 싶은 얘기들을 하고 헤어지기로 하자."

여러 가지 말들이 쏟아져 나왔다. 경칠이는 칠판에 다른 사람이 낙서를 했는데 자기가 선생님에게 종아리를 맞았던 일이 억울하다고 했고, 또 누군가는 오동도 수학여행 때 여관에서 술을 사다 마신 일을 선생님이 알고도 모르는 척해 줘서 감사하다고 했다. 그중에서도 가장 많이 웃기고 재미있었던 것은 복남이와 금순이의 연애사건에 대한 이야기였다.

어느 날 누구의 입에서부터인지 "복남이와 금순이가 보리밭에서 단둘이 만났다네." 하는 소문이 떠돌기 시작했다. 화장실에 분필로 "복남이와 금순이가 연애 걸었다네." 하고 써놓은 낙서도 있었다. 소문이 시끄러워지자 당사자들은 며칠간 결석을 했다. 낙서한 학생을 찾으려고 조사했지만 허사였다. 누군가 복남이에게 물었다. 보리밭에서 금순이와 단둘이 만난 게 사실이냐고. 복남이는 그렇다고 대답했다. 그러자 또 다른 애가 그때 보리밭에서 둘이 무엇을 했느냐고 물었다. 온 교실 안이 떠나갈 듯 웃음바다가 되었다. 금순이는 고개를 푹 숙이고 앉아 있었다. 선생님도 배를 움켜쥐고 한참 동안을 웃었다. 그때 복남이는 열아홉, 금순이는 스무 살이었다.

스스럼없이 이야기하고 즐겁게 웃고 하는 가운데 어느새 한 시간이 지나갔다. 하지만 누구도 그만 가자거나 지루하게 생각하지 않는 분위기였다. 이때도 여생도들 중에는 훌쩍거리는 애가 많았다. 모두들 그 자리에 조금이라도 더 앉아있고 싶어 하는 눈치들이었다. 나 역시도 마찬가지였다. 나는 그때 남들이 다 부러워하는 명문 광주 서 중학교에 합격해 있었지만 그

동안 정들었던 교실을 떠난다는 것이 무척이나 아쉽고 서운했다. 그러나 아무리 떠나기 싫어도 떠나야 했다. 나는 교실 안을 다시 한 번 둘러봤다. 선생님도 우리를 보내기가 서운한 듯 쓸쓸한 표정으로 창밖을 내다보고 있었다.

우리가 밖으로 나올 때까지 졸업식에 참석했던 할아버지와 어머니들이 교실 밖 오동나무 밑에서 기다리고 있었다. 그때 대복이 어머니가 검정 보자기에 싼 것을 담임선생님에게 내밀면서 허리를 몇 번이나 굽실거렸다. 우리는 모두 무엇인지 궁금했는데 알고 보니 그건 삶은 고구마였다. 대복이는 졸업할 때까지 국어책을 읽지 못해 선생님에게 야단도 많이 맞은 애였다.

교문에서 또 작별인사를 하는 데 한참이 걸렸다. 선생님도 교문까지 나와 일일이 머리를 쓰다듬어주고 손을 잡아주고 하면서 잘 가거라 또 만나자 하고 손을 흔들었다.

나의 초등학교 생활이 끝나는 날이었다.

엄마 잘 가 엄마 잘 가

어머니가 돌아가셨다는 동생의 전화를 받았다. 전혀 예상 못한 일은 아니었다. 자리보전하고 누워 손발 하나 못 움직인 지 6년이나 되었으니 할 수 있는 일은 다해 보았고 이제 인력으로는 어쩔 수 없는 형편이었다.

서울에 있는 일가친척들에게 알리고 광주로 달려갔다. 병원에 도착하니 이미 빈소가 마련되어 동생이 조문객들을 받고 있었다. 나에게는 배다른 동생이고 지금 돌아가신 어머니가 낳은 친아들이다. 그러니까 나의 계모님이 돌아가신 것이다.

계모라고는 해도 나에게는 특별하다. 나를 낳은 어머니는 내가 어린아기였을 때 여의어 얼굴도 기억하지 못한다. 이 계모님 손에서 내가 자랐고 만난 지 60년도 훨씬 넘었다. 당신이 직접 낳아서 기른 자식들보다도 더 긴 세월을 나와 함께 한 것이다. 따라서 계모님이 바로 내 어머니다. 아버님이 일찍 돌아가시자 집안 대소사를 모두 챙기며 살았고 금년 연세가 93세였다.

영정 사진 속에서 어머니가 살짝 웃음 띤 얼굴로 나를 내려다보고 계셨다. 꼭 무슨 말인가 걸어올 듯한 표정이었다. "왔냐?" 하면서 평소처럼 반갑게 내 손을 잡아줄 것만 같았다. 국화꽃 한 송이를 바치고 향을 사른 후 절을 올리고 어머니 얼굴을 다시 한 번 바라보니 울컥 설움이 복받쳤다. 여동생들이 몰려와 나를 붙들고 흐느꼈다.

원래 우리 형제간은 형님과 나, 둘뿐이었는데 어머니가 새로 들어와 아들 하나와 딸 여섯을 낳아서 모두 9남매가 되었다. 그런데 나에게 하나뿐인 형님이 40세에 작고하여 내가 장남이 되었지만 어머니는 자연히 남동생이 모시고 살아왔다. 돌아가실 때까지 꼬박 6년간을 움직이고 말하고 하는 것을 전혀 못 했다. 음식을 떠먹이고 대소변도 다 받아내야 되는 처지였다. 그 수발을 동생과 제수씨가 모두 해냈다. 주위 사람들은 다들 요양시설로 모시라고 권했지만 동생은 들은 척도 않고 묵묵히 수발만 할 따름이었다. 제수 또한 그 남편에 그 아내였다. 어쩌면 이 시숙에게 어머니 간병이 힘들다든가 불평하는 따위의 말 한마디는 할 법도 한데 단 한 번도 그런 말을 들어본 적이 없다. 얼마나 힘드시냐고 내가 위로하는 말이라도 한마디하면 "제가 안 하면 누가 하겠어요." 하고 말해서 오히려 나를 겸연쩍게 만들곤 했다. 효자 효부는 억지로 되는 것이 아니라 세상에 나올 때부터 타고난다는 생각이 든다. 동갑내기로 만난 동생 부부는 작년이 회갑이었다.

장례식장에서 주는 상복으로 갈아입고 맏상제 노릇을 시작했다. 상복이라고 해야 위아래 검은색 양복과 검은 가로줄 두 개가 쳐진 흰 완장을 왼쪽 팔에 두른 것뿐, 두건頭巾도 없었다. 전에 아버님이 돌아가셨을 때는 완전한 굴건제복屈巾祭服에 대나무 지팡이를 짚고 짚신을 신었다. 그 복장이 무겁고 불편하여 무척 힘들었는데 이번에는 복장이 간편해서 조문객이 줄을 이었지만 한결 수월한 편이었다. 시대의 변화를 실감했다.

가족들 모두 입관실로 오라는 연락이 왔다. 이승에 남은 가족들이 가시는 분의 얼굴을 마지막으로 보는 시간이었다. 아들, 딸, 며느리, 손자손녀들 모두 입관실로 들어갔다.

거기 어머니가 누워 계셨다. 얼굴을 덮었던 천을 벗기니 핏기 없는 얼굴이 목각 인형 같았다. 딸들과 며느리들이 어머니의 몸에 엎드려 오열했다.

생시보다 훨씬 작아진 몸과 쪼그라든 얼굴, 7남매를 낳아 길러내고 혼자 된 몸으로 온 집안 살림살이를 휘어잡아 처리해 나가던 그 당찬 뚝심은 어디서 나왔을까. 손을 잡아봤다. 차디차고 딱딱한 감촉이 마치 바싹 마른 거칠거칠한 나뭇가지 같았다.

만감이 교차했다. 수십 년, 긴 세월에 어찌 서운한 일이 전혀 없기야 했을까. 설령 친자식이라 해도 언제나 좋을 수만은 없는 법. 이제 모두 내려놓고 떠나시는 마당에 내 자신이 지지리못나서 후회되고 죄송한 마음뿐이었다. 어머니의 바람대로 내가 판 · 검사가 되었더라면 보내 드리는 마음이 조금은 덜 아플걸. 어머니는 내가 법과대학에 들어가자 틀림없이 고등고시에 합격할 것이라 믿었다. 어머니뿐 아니라 가족 모두와 일가친척까지도 그랬다. 하지만 내가 그 기대를 저버리고 말았다. 이제 와서 지난일을 자책해본들 무슨 소용이 있으랴.

농촌에서는 모두가 가난했던 그 시절, 땅마지기나 있어 먹고 살 만하다고는 해도 내가 도시로 나가 중학교부터 대학을 졸업할 때까지 10년간을 뒷바라지하기에 그 고생이 오죽했을까. 그런데도 우리 아들 하나만 출세하면 온 집안에 꽃이 핀다고 하면서 힘든 일 속에 묻혀 사신 어머니. 남들에게 나를 가리킬 때는 항상 "우리 큰아들, 우리 큰아들." 하고 말해서 동네 사람들의 부러움을 사기도 했었다.

"니가 출세하면 설마 친어매 아니라고 나를 못 본 체하랴 싶어 가을걷이를 힘든 줄 모르고 해냈다."

오래전에 들었던 그 말씀이 가슴을 아프게 후볐다.

딸, 며느리의 울음소리가 점점 높아졌다. 특히 막내 여동생의 슬퍼하는 모습은 남달랐다. "엄마 잘 가, 엄마 잘 가아…." 하면서 몸부림치는 걸 차마 볼 수 없어 나는 돌아서서 흐느꼈다. 많은 자식들 중에 특히 막내는 어렸을 때 몸이 약해서 유달리 병치레가 잦았다. 그래서 어머니가 항시 안쓰러워하고 마음을 졸였는데 의외로 강인하게 자라난 아이다. 더구나 간호사가 되어 어머니가 위급할 때마다 밤낮 안 가리고 달려와 응급처치를 수도 없이 했다. 그러니 어머니에 대한 애틋한 정이 누구보다 특별할 수밖에 없었다.

울음이 끝날 줄 몰랐다. 딸이 많아야 초상집 마당이 걸다는 말이 있다. 한 사람이 어머니 살았을 때의 일을 들먹이면서 울면 그 소리를 듣고 따라서 통곡을 하고 또 옆에서 같이 울고….

그칠 것 같지가 않았다. 어쩔 수 없이 장례식장 사람이 억지로 밀어내다시피 하고 어머니를 입관시켰다.

막내의 울음소리가 귀에 쟁쟁하고 자꾸만 눈앞이 흐려진다.

"엄마 잘 가, 엄마 잘 가아…."

연동리 당산나무

어떤 사람은 그 나무의 나이가 100살쯤 되었을 것이라 했고 또 다른 사람은 200살이 훨씬 넘었다고도 했다. 동네에서 가장 나이 많은 87세의 근동 어르신은 자기가 어렸을 때도 그 당산나무가 지금처럼 컸었다는 것이다. 그렇다면 나무의 나이가 200살이 넘었다는 것도 전혀 틀린 말이 아니었다. 밑둥치의 둘레가 어른들 아름으로 세 아름 반쯤 되고 내가 중학교 1학년 때 재봤을 때는 다섯 아름이었다.

하늘을 향해 힘차게 치솟다가 옆으로 둥그스름하게 퍼진 모습이 무척이나 우람했다. 잎이 우거질 때면 한층 더 웅장한 모습이 되었다. 나무 밑 백 평도 넘는 땅이 온통 그늘로 덮이고 반석이 깔려있어 여름에 돗자리를 펴지 않아도 앉아 놀기에 좋았다. 그래서 동네 대소사를 의논하는 회의장이었고 더운 여름날 노인들이 오수를 즐기는 장소로, 또는 아이들의 놀이터로 애용되었다. 일꾼들이 들일을 마치고 들어올 때 그 당산나무 밑에서 잠깐 다리쉼을 하고 가는 쉼터이기도 했다.

나는 그 옆을 지날 때면 여름이 아니라도 나무 밑으로 들어가 한참씩 앉아 있곤 했다. 숱한 날들을 비바람 눈보라에 부대끼면서도 의연한 자세로 서 있는 그 늠름한 자태가 마치 위대한 인물을 대한 듯 경외감敬畏感이 들었다.

외지에 나갔다가 고향 마을에 막 들어서면 처음에 마주치게 되는 것도 그 나무였다.

내 고향 연동리 앞 당산나무.

오랜 세월을 동네와 함께 지내오면서 온갖 일들을 다 겪어온 유서由緖 깊은 그 나무를 동네에서는 수호신으로 여겼다.

선달 그믐날에는 돼지 머리와 각종 음식을 나무 밑에 차려놓고 당산제를 지내고 매굿을 쳤다. 근동 어르신이 제일 먼저 잔을 올리며 해마다 풍년들게 하시고 집집마다 무병 무탈하게 해주십사 하고 빌었다. 이어서 울긋불긋한 술이 달린 고깔을 쓴 동네 청년들로 조직된 농악대가 나무 주위를 빙빙 돌면서 굿을 치다가 당산나무에 대고 일제히 절을 하면서 굿을 끝냈다. 상쇠上釗의 꽹과리 소리에 맞춰 북, 장구, 소고, 징을 치던 걸 딱 멈추고 나부시 절을 올리는 모습이 그렇게 멋지고 예쁠 수가 없었다. 그때 나이 어린 우리도 뒤에서 같이 절을 했다. 떡, 사과, 꼬막 등 맛있는 것들을 얻어먹는 것이 좋았다.

정월 대보름날에는 동네 사람들이 모두 모여 나무 밑에서 윷판을 벌였고 추석명절에는 아이들의 씨름판이 되기도 했다.

안골 마을 장 씨 아들이 고등고시에 합격했을 때 술과 떡을 푸짐하게 장만해 놓고 북, 장구를 치며 잔치를 벌인 곳도 그 당산나무 밑이었다.

그렇지만 그 나무에게 반드시 좋은 일만 있는 것은 아니었다. 멀리서 볼 때는 그저 우람하고 멋지게 보이지만 가까이 가서 보면 몸뚱이가 온통 상처투성이다. 돌에 맞았는지 껍질이 벗겨져 속살이 드러나 있는 곳도 있고, 날카로운 쇠끝으로 긁은 자국이며 심지어는 큼직한 쇠못이 깊숙이 박혀 있기도 했다. 날이 갈수록 상처가 늘어났다. 가장 가까운 곳, 바로 그 나무 밑에서 더위와 비를 피하고 다리쉼을 하면서 혜택을 받은 누군가에 의해서 입은 상처였다. 철없는 아이들의 짓이라 해도 나무로서는 참기 힘든 고통이었을 것이다.

이 당산나무에게 참으로 큰 상처를 입힌 것은 6·25때였다. 인민군이 들어오자 머슴살이하던 청년들과 소작농 부쳐서 먹고살던 사람들 몇이 완장을 차고 동네를 휘젓고 다녔다. 그 중에서도 정 씨네 기와집 머슴 덕칠이가 특히 심했다. 동네의 부자와 학식이 든 유지들을 모두 당산에 모아놓고 반동분자를 색출한다면서 당산나무에다 대고 수십 발의 실탄을 갈겨대며 겁을 주었다. 그때 덕칠이의 늙은 아버지가 쫓아와 아들의 두 발을 붙들고 늘어지고 때마침 제트기 두 대가 요란한 굉음을 내면서 저공비행으로 주위를 맴돌았다. 그 바람에 모두들 흩어져 도망치고 다행히 희생자는 나오지 않았다. 그 후 바로 인민군이 후퇴했고 완장 차고 설쳤던 몇몇은 모두 산으로 들어갔다. 당시 그들을 공비共匪 또는 반란군이라고 불렀다.

그 일이 있고 나서 그렇게도 청청하고 우람하던 당산나무 가지 하나가 시들시들하더니 아예 말라죽고 말았다.

올추석, 고향 선산에 성묘 갔다가 참으로 오랜만에 당산나무 밑에 앉아봤다. 고향을 떠난 후 더러 들르긴 했지만 오래 머물 새가 없어 차분히 앉아보지 못했던 것이다.

나무를 자세히 살펴보았다. 예전의 그 당산나무가 아니었다. 나무의 높이와 둘레가 모두 전보다 작아진 것 같고 모습도 까칠해보였다. 긁히고 찍히고 총을 맞은 상처도 여전히 울퉁불퉁하게 남아 있었다. 총을 맞은 후 말라죽었던 가지는 아예 부러져 나갔고 다른 쪽 가지 하나가 또 죽어가고 있었다. 옛날의 그 웅장하고 당당하던 자태는 찾아볼 수도 없었다. 나무 밑에 깔린 반들반들 윤이 나던 반석은 흙 범벅이고 땅바닥 여기저기에 잡초가 무성해서 황량하기 짝이 없었다. 전 같으면 추석명절에 온 동네 아이들이 모두 몰려나와 시끌벅적하게 떠들고 놀 텐데 그저 쓸쓸하고 적막감만 감돌았다.

당산나무만 변한 게 아니었다. 100세대가 넘게 번창하던 마을 사람들이 모두들 도회지로 떠나고 지금은 허리 굽은 노인 몇 분만 보일 뿐 젊은이나 아이들은 보이지도 않았다.

나이가 100살인지 200살인지 알 수 없는 마을의 수호신도 이제 동네의 쇠락과 함께 수명을 다한 것 같았다. 스산한 가을바람에 외롭게 홀로 서있는 당산나무가 퍽이나 애처롭게 보였다.

울적한 마음으로 일어서는데 단풍 든 나뭇잎 하나가 이마를 스치고 떨어졌다.

마을 입구를 벗어나면서 몇 번이고 뒤를 돌아다보았다.

정릉에 내린 가을

정릉貞陵 숲에 가을이 곱다. 빨강, 노랑, 갈색 등 가지가지 빛깔로 물들었다. 단풍나무와 벚나무의 새빨간 색깔로 해서 파란 하늘이 더욱 파랗게 보이고 그 하늘에 빨간 색칠이라도 할 것만 같다. 눈이 부시다. 보는 사람들마다 탄성을 발한다. 파랗던 잎이 낙엽이 지기 전에 어쩌면 저리도 아름다울 수 있을까? 그 모습을 무심히 보고 있자니 하도 아름다워 울컥 눈물이 나려고 한다.

정자각丁字閣 앞 공터, 키 큰 도토리나무들 밑에 일찍 떨어진 낙엽이 수북하게 쌓여 있다. 낙엽 위에서 어린이들이 놀이에 한창이다. 인근 어린이집에서 나온 아이들이다. 십여 명 혹은 이십여 명씩 무리지어 여기저기서 신나게 뛰어논다. 그들의 옷 역시 단풍잎만큼이나 곱고 색깔도 가지가지다. 땅에 수북

한 낙엽을 한 움큼 집어 하늘을 향해 흩뿌린다. 바람이 휙 분다. 낙엽이 사방으로 흩어지며 머리에, 어깨에 달라붙기도 한다. 저마다 깔깔대고 웃다가 아예 낙엽 위에 벌렁 드러누워 뒹구는 녀석도 있다. 또 한쪽에서는 낙엽을 방석 삼아 모여 앉은 아이들이 선생님과 함께 동요를 부른다. 가만히 들어보니 노래의 음정도 박자도 모두 제멋대로다.

꼬맹이들의 재잘거리는 소리, 웃고 떠들고 노래하는 소리로 정릉 안이 온통 생기로 넘친다. 그 모습을 보는 마음도 함께 즐겁다.

정릉 숲 속은 평소 어린이집에서 데리고 나온 아이들의 놀이터다. 서울에서 자라는 아이들이 싱그러운 숲 속에서 꽃과 나무와 고운 단풍과 함께 흙냄새를 맡으며 맘껏 뛰어놀 수 있다는 건 축복 받은 일이다. 그들의 정서가 아름답고 여유롭게 자라갈 것이 틀림없다.

저쪽 높은 곳에서 신덕왕후神德王后의 능陵이 재미있게 노는 아이들을 굽어보고 있다. 혼령이 만약 있다면 저 뛰어노는 아이들을 보면서 방원(조선조 3대 태종)에게 참살慘殺 당한 자신의 두 아들을 생각하고 가슴이 미어질 것이다.

평범한 가정의 아낙으로 살았더라면 집안이 피비린내 나는 비극을 당하지 않았을 것을. 일국의 첫 번째 국모가 되어 영화가 극에 달했던 몸이 죽은 후에까지도 편히 쉬지 못하고 수난을 겪은 걸 생각하면 마음이 짠하다. 그나마 생전에 그 참극을 보지 않고 별세해서 다행이랄까.

이성계 태조의 첫 번째 부인 신의왕후 한 씨神懿王后 韓氏에게 아들이 여섯이나 있었지만 태조가 등극하기 1년 전에 한 씨가 별세하여 정식 왕후가 되지 못했다. 대신 계비繼妃인 신덕왕후 강 씨神德王后 康氏가 조선조의 첫 번째 국모가 되었고 그의 둘째 아들 방석芳碩이 세자로 책봉되었다. 8왕자 중 맨 마지막 왕자가 세자가 된 것이다. 지금 이곳 정릉이 바로 신덕왕후 강 씨의 능이다.

첫 번째 부인 한 씨 아들들의 입장에서 보면 눈이 뒤집히고 치가 떨렸을 것이다. 정처인 자기 어머니는 왕후도 못 되었고 후처가 왕후로 책봉되어 세자의 자리까지 빼앗아 갔으니 오죽했으랴. 더구나 태조의 다섯째 아들 방원芳遠은 포부가 크고 야심찬 인물로 조선 건국에 공로가 컸던 인물이다. 태조는 이를 무시하고 강 씨가 낳은 아들을 세자로 지명했다. 이방원의 '왕자의 난'은 이때 이미 예고되었던 것이다. 이로 인하여 왕자들과 공신들이 희생되는 참극이 벌어졌다.

태조가 나이 들어 판단력이 흐려졌던 탓일까? 나와 같은 범부의 눈에도 결과가 훤히 보이는데 불세출의 영웅 눈에는 왜 보이지 않았을까. 아무리 생각해도 알 수 없어 아쉬울 뿐이다.

당시의 객관적인 여건으로 볼 때 신덕왕후는 자기의 아들을 세자로 세우는 걸 기어코 막았어야 했다. 그랬으면 아들도 희생되지 않았을 것이며 자기 자신도 사후에 지위가 격하되어

유택이 변두리로 쫓겨나고 석물이 유실되는 등 수모를 안 당했을 것이 아닌가. 하기야 결과를 가지고 당시의 일을 비판하는 나야말로 우매하기 짝이 없다. 사실 여부는 알 수 없으나 야사에는 태조가 중신들의 주장에 따라 신의왕후 한 씨 소생인 장남 방우芳雨를 세자로 봉하려 하자 신덕왕후 강 씨가 대성통곡을 하여 태조의 마음을 바꾸게 했다는 일화가 있기는 하다.

정릉을 찾는 사람들이야 600여 년 전의 참극을 짐작이나 할 수 있으랴. 또 안다고 한들 무엇하랴. 그저 숲 그늘에서 편안히 쉬고 곱게 물든 단풍을 즐길 뿐이다. 어찌되었든 서울 시내에 10만 평이 넘는 숲 가까이에 산다는 건 좋은 일이 아닐 수 없다. 어린아이들이 자연 속에서 마음껏 뛰어놀 수 있는 공간이다. 이것도 신덕왕후의 덕이라는 생각이 든다.

신덕왕후의 비극은 세월 따라 잊혀가고 저 아이들이 올곧게 자라서 다음 세대의 믿음직한 주인이 되리라.

왁자지껄 요란하던 아이들이 몰려나가고 노인들 대여섯 명이 또 들어오고 있다.

큰길

마루에 서서 건너다보면 하얗게 쭉 뻗은 길이 보였다. 올망졸망한 논배미들 너머에 있는 그 길을 나는 '큰길'이라고 불렀다. 면소재지의 신작로만큼은 못하지만 근방에서 소달구지가 지나갈 수 있는 길은 오직 거기뿐이었다. 나는 어렸을 때 툇마루에 서서 기둥을 잡고 큰길 건너다보기를 좋아했다. 그 길이 좋았다. 그 길을 보고 있으면 바깥세상이 보고 싶어졌다. 어디에 있는지는 모르지만 큰길을 따라 멀리 가면 여기보다 훨씬 넓고 크고 좋은 세상이 있을 것만 같았다. 언젠가는 큰 세상을 보러 가리라는 생각을 하면서 날마다 그 길을 건너다보았다. 큰길은 나에게 바깥세상을 동경하게 했다. 길 가에는 작고 낡은 비각 하나가 서 있었다.

큰길에는 많은 사람들이 지나다녔다. 특히 면소재지에 5일장이 서는 날이면 더욱 번잡했다. 흰 두루마기에 갓을 쓴 영감님, 지게에 곡식 가마니를 짊어지고 머리에 수건을 동여맨 젊은이, 검정 치마 흰 저고리에 보퉁이를 이고 가는 아낙 등 가지각색의 사람들이 장으로 갔다. 짐을 실은 소달구지에 어린아이들이 조랑조랑 매달려 가는 모습도 보였다. 나도 소달구지를 타고 장으로 가보고 싶었지만 갈 수 없어 퍽이나 아쉬웠다.

뒤란에 선 감나무 그늘이 앞마당으로 드리울 무렵이면 장에 갔던 사람들이 돌아온다. 나갈 때와는 사뭇 다른 모습들이다. 비틀거리는 걸음걸이로 고래고래 소리를 지르는 사람, 춤을 추듯 두 팔을 휘두르며 노래를 부르는 사람, 서로 붙들고 실랑이하는 사람들로 길은 더욱 시끄러워졌다. 장날은 밤이 깊도록 큰길에 사람들이 끊이지 않았다.

거기는 동네 아이들의 놀이터도 되었다. 그곳에서 머슴애들은 땅따먹기나 자치기를 하고, 가시내들은 금을 그어놓고 팔방놀이(사방치기-돌차기)나 줄넘기를 했다. 하지만 나는 거기에 못 갔다. 우리 아버지는 내가 동네에 나가 노는 걸 질색으로 여겼다. 나가서 아이들과 어울려봐야 욕설이나 배우고 못된 장난이나 하지 배울 것이 없다는 것이다. 나는 그런 아버지가 많이 원망스러웠다. 하지만 나중에 생각하니 아버지의 생각이 옳다는 걸 알 수 있었다. 그 시절, 내가 살던 시골 동네에서는 대개 자녀들의 교육에 소극적이었다. 관심이 있다고 해도 경제적인 여건이 안 되어 초등학교도 못 보내는 경우가 흔했다.

큰길에서는 잔치가 벌어지기도 했다. 국회의원에 출마한 사람이 우리 동네에 와서 선거연설을 할 때였다. 우리 마을과 안골 마을, 그리고 아랫마을 사람들까지 모두 모여 연설을 듣고 나면 먹자판이 벌어졌다. 그런 날은 나도 큰길에 나가 놀고 떡을 얻어먹기도 했다.

내가 고향을 떠나 도시에서 학교를 다니고 있을 때 우리 마을에 큰 변화가 생겼다. 너저분한 초가집들이 산뜻한 기와집으로 변신을 한 것이다. 어쩌다 고향에 가보면 집과 함께 큰길도 변해 있었다. 시멘트로 미끈하게 포장되어 전보다 더 넓게 보였다. 지나다니는 사람들도 많이 달라졌다. 양복 입은 신사가 늘어나고 색깔 고운 양산을 든 멋쟁이 아가씨가 뾰족구두를 신고 똑딱거리는 소리를 내며 걸어갔다. 자전거는 귀하지도 않았고 햇볕에 번쩍거리는 시커먼 자가용차가 지나기도 했다. 전처럼 마루에 서서 큰길을 건너다보았다. 하지만 어쩐지 낯설게 느껴지고 정답지가 않았다. 처음으로 비각 안에도 들어가 살펴봤다. 두어 평쯤이나 될 것 같은 작은 비각 안은 잡초가 잔뜩 우거져 있고 비문에는'功德碑'라고 새겨진 세 글자만 겨우 알아볼 수 있었다. 하지만 그 비각의 내력을 아는 사람은 동네에 아무도 없었다.

시멘트로 포장된 길을 걸어보았지만 딱딱하기만 하고 좋지 않았다.

한식날, 선산에 사초莎草를 하기 위해서 차를 몰고 고향에

갔다. 오랜만의 고향 나들이였다. 그동안 이런저런 사정으로 성묘를 못한 때가 많아서 죄스런 마음으로 새벽에 일어나 출발했다. 가면서 생각해보니 그날이 마침 면소재지에 장이 서는 날이어서 많은 사람들을 만날 수 있으리라 기대했는데 그게 아니었다. 종종 차가 지나갈 뿐 줄줄이 장에 가는 사람들은 없었다.

드디어 큰길에 도착했다. 길은 시멘트 포장이 여기저기 망가져 움푹움푹 패이고 그 사이로 잡초가 수북하게 나 있어 볼썽사나웠다. 길이 크지도 않았다. 늘 자리를 지키던 비각은 흔적도 없이 사라지고 그 자리는 밭으로 변해 있었다.

농촌 인구가 줄어 동네가 한산하고 장에 가는 사람도 없다고 했다. 장날이면 시끌벅적하던 주막집은 장사를 접은 지 오래되어 조용하고 골목에 오가는 아이들도 눈에 띄지 않았다. 간혹 가다 허리 굽은 노인의 모습이 보일 뿐이었다. 훈김이 나던 동네는 이제 한산하고 냉기가 서렸다.

큰길에서 차를 돌리는데 길이 좁아 한참이나 애를 먹었다.

큰길은 없었다. 이제는 거기에서 땅따먹기나 자치기하는 아이들을 보는 일은 아마도 영원히 없을 것이다.

혼자 있다 보면

적적하다. 비바람이 들이쳐 바깥 창문을 모두 닫고 나니 아무 소리도 들리지 않고 온 집안이 정적에 휩싸인다. 세월이 흐르면 전화기도 늙고 나태해지는 것일까? 전에는 성가실 정도로 시끄럽게 제 소리를 내더니 요즘은 하루 종일 소리 한번 내지 않고 움츠리고만 있는 날이 많다. 어떤 작가가 아파트야말로 진정한 단독주택이라고 쓴 글을 읽고 공감한 적이 있다. 소위 단독주택이라고 말하는 집은 화단이나 텃밭이라도 있어 벌나비가 날아들고 비둘기며 참새 떼가 수시로 방문하니 단독으로 있을 틈이 없다. 하지만 아파트는 창문들만 닫아버리면 외부세계와는 완전히 단절된다. 그야말로 진정한 단독인 것이다.

요즘은 아내 없이 집에 혼자만 있으면 유달리 적막감을 느낀다. 전에 없이 울적하다. 대수술 후에 외출을 못 하고 활동이 자유롭지 못한 탓일까? 오늘같이 비라도 추적추적 내리는 날은 더하다. 이럴 때 곁에 아내가 있었으면 싶다. 하기야 아내가 있다고 해도 특별히 다를 것은 없다. 둘이 같은 소파에 앉아 있어도 서로가 별로 말을 하지 않는다. 잠을 잘 때도 아내는 거실 건너 저쪽 방, 나는 이쪽 방이다. 차라리 혼자 있는 게 편하겠다는 생각을 할 때도 있다. 그러면서도 혼자만 있게 되면 못 견디게 허전하다. 오늘도 아내는 딸네 집에 가고 없다. 늦둥이로 하나 얻은 막내딸이 어려서는 제 엄마 아빠 사이로만 파고들어와 자는 바람에 우리 부부 사이를 떼어놓더니 시집간 후에는 또 제 아기 봐달라고 해서 우리를 주말부부 닮은꼴로 만들어 놓았다.

혼자서는 밥을 먹는 것도 궁상맞고 남세스럽기까지 하다. 끼니를 거를 수는 없고 시간 되면 식탁에 앉기는 하지만 식욕이 날 리 없다. 그저 끼니를 때우기 위함일 뿐이다. 이것저것 반찬을 챙기는 일조차도 성가시다. 냉장고 문만 열면 아내가 가면서 만들어 둔 반찬 담긴 그릇이 켜켜이 쌓여 있지만 그걸 꺼내서 늘어놓을 마음이 내키지 않는다. 무엇이 되었건 맨 위에 있는 것 하나만 내어놓고 먹는 둥 마는 둥 하고는 그만둔다. 괜히 이것저것 들어냈다가는 설거지 그릇 숫자만 더 늘어날 뿐이다.

사실 혼자 한 끼 때우는 데 많은 반찬은 필요도 없다. 호박이나 감자를 툼벙툼벙 썰고 국멸치 한 자밤 집어넣어 오모가리에 보글보글 끓인 된장국 한 가지면 너끈하다. 또는 거칠거칠한 고춧가루에 버무린 풋풋한 열무김치 한 보시기와 막된장에 풋고추만 있어도 된다. 하지만 아내는 이런 투박한 음식들을 싫어한다.

부부가 오랫동안 같이 살다보면 닮는다고 한다. 우선 식성이 닮고, 각종 취향, 심지어는 얼굴 모습까지도 닮는다는 것이다. 나도 거기에 전적으로 동감했었다. 하지만 요즘 들어 그 이론을 수정해야겠다는 생각이 든다. 결론부터 말하면 어느 단계까지는 서로 닮는 듯하다가 원래의 자기로 돌아가는 것이지 아주 닮지는 않는다.

요즘 들어 아내는 된장국을 안 먹는다. 신혼 시절에는 그렇지 않았는데 지금은 그렇다. 그래선지 된장국 끓이는 일이 가뭄에 나는 콩보다 더 드문드문하다. 어쩌다 끓인다 해도 내 입맛에는 안 맞다. 짭짤하고 매큼한 걸 좋아하는 나와는 달리 아내는 짜고 달고 매운 음식은 절대 불가다. 심심하고 맛이 없어도 건강에 좋다고 하면 아내는 그냥 먹는다. 삼겹살을 굽는데 나는 조금 탔다 싶을 정도로 굽지만 아내는 노릿한 기운만 돌아도 펄쩍 뛴다. 그러니 나와는 전혀 딴판이다.

나이가 좀 들어가자 각자 자기의 빛깔을 띠게 되고 고유의 목소리를 낸다. 전에는 같이 외식을 나가면 서로 다른 걸 고르는 일이 없었다. 무엇이든 한쪽이 선택하면 같은 걸로 통일하곤 했다. 하지만 지금은 다르다. 나는 얼큰한 민물매운탕이 좋은데 아내는 갈빗집을 찾는다. 그러면서도 마찰음은 옛날보다 오히려 덜 난다. 각자 자기의 빛깔을 띠는 것이 애정의 밀도와는 별개의 문제다. 자기의 노래를 부르면서 한 발짝씩 뒤로 물러나 서로 화음을 맞추어 가는 것이야말로 반생을 함께해 온 부부만이 낼 수 있는 아름다운 목소리가 아니랴. 일일이 옴니암니 따지고 자기 주장만 고집한다면 화음은 깨지고 말 것이다. 아내가 끓인 된장국이 내 입맛에 맞지 않다고 해서 그것 때문에 불협화음이 나지는 않는다.

1주일에 3~4일 정도지만 혼자 있는 날은 너무 호젓하고 지루하다. 괜히 거실과 방을 들락거리고, 텔레비전을 켰다가 컴퓨터를 열고, 책을 폈다가 다시 덮고…. 마음의 안정이 안 된다. 밤이 되면 혼자라는 사실에 막연한 두려움을 느낄 때도 있다. 저쪽 방에서 무슨 인기척이 나는 것 같아 나가서 불을 켜고 여기저기 확인해 보지만 아무도 없다.

곁에 있을 때는 특별히 좋은 줄을 모르다가도 막상 없으면 무척 아쉬운 것이 부부인가.

아내에게 전화를 하려다가 또 그만둔다.

꿀등재, 그해 여름

광주에서 북쪽으로 40km쯤 떨어진 곳, 장성 배양사 인근의 작은 면 소재지 변두리에 꿀등재라는 동네가 있다. 처음 그 이름을 들었을 때 나는 벌통을 줄줄이 늘어놓고 벌을 치고 꿀을 따는 고개려니 하고 생각했었다. 그런데 막상 가보니 지대가 약간 높은 동네일 뿐, 꿀이나 재嶺와는 전혀 상관없는 곳이었다. 초가집 여남은 채가 옹기종기 모여 있는 그곳에 왜 꿀등재라는 괴상한 이름이 붙었는지 아는 사람도 없었다.

거기에 형님이 살고 있었다. 그때 형님은 농업은행(현 농협 전신) 대리였는데 그곳으로 발령이 났던 것이다. 시골이지만 그때로서는 특급열차인 태극호가 정차하는 기차역이 있어 교통이 편리했다. 내가 중학교 2학년 여름 방학을 그 꿀등재에서 보낸 적이 있다.

처음에는 형님네에 잠깐 들렀다가 고향으로 가려고 했던 것인데 아예 여름방학 전부를 거기에서 보내버리고 말았다. 예기치 못한 만남으로 인해서 아름답기도 하고 가슴 저리기도 한 사연 하나를 가슴에 품고 살아갈 줄은 생각지도 못한 일이었다.

형님네에 간 지 일주일쯤 된 어느 날, 매미채를 들고 산으로 갔다. 생물과목 방학 숙제인 곤충채집을 하기 위해서였다. 한적한 숲 속이었다. 조붓한 오솔길을 따라 올라가는데 저 앞에 그린 듯이 앉아있는 사람의 모습이 보였다. 얼른 봐도 정순이가 분명했다. 형님이 사는 집 저쪽 방에는 40대 중반의 여자가 외동딸과 함께 살고 있었다. 그 딸 이름이 정순이고 정읍에 있는 어느 여고 1학년이라고 했다. 한집에서 지낸 지 1주일이 넘었지만 그때까지 서로 말 한 마디 건네 본 적이 없었다. 고등학생이라고 해도 키는 나보다 오히려 작았다. 얼굴이 유난히 희고 두 갈래로 묶은 머리에 고개를 언제나 푹 숙이고 가냘픈 몸매로 가만가만 걸어 다녔다. 한번도 활짝 웃는 일이 없이 볼 때마다 우울한 표정이었다.

숲 속에서 갑자기 여학생을 만나자 나는 무척 당황했다. 정순이도 깜짝 놀란 것 같았다. 나는 얼른 뒤돌아섰다. 발길을 옮기는데 그가 뒤에서 불렀다. 이리 와서 앉으라는 것이다. 놀라운 일이었다. 하기야 여고생이 중학생 꼬마둥이를 어려워할 리는 없었다.

그곳은 자작나무 숲 그늘이 좋고 앞이 탁 트여 꿀등재 동네와 기찻길이 훤히 내려다보였다. 여기저기서 매미 소리가 요란하고 뻐꾸기 울음도 간간이 들려왔다. 그는 여기에 자주 온다고 했다. 속상하거나 울적할 때 여기에 와서 앉아 있으면 마음이 가라앉는다는 것이다. 정순이와 나는 상당히 많은 이야기를 나누었다. 그는 아버지를 일찍 여의고 엄마와 어렵게 살고 있었다. 엄마가 5일장을 돌면서 무슨 장사를 한다고 말할 때는 자신의 환경을 비관하고 있는 듯한 기색이 보였다. 무엇인가 엄마에게 불만을 품고 있는 것 같았다. 그때 기차가 지나가는 게 보였다. 정순이는 저 기차를 타고 어디론가 멀리 떠나고 싶다는 말도 했다. 형제가 없어 외롭다면서 한숨을 쉬었다. 얼굴에 늘 그늘을 드리웠던 이유가 어렴풋이 짐작되었다. 그의 이야기를 들으면서 막연히 안 됐다는 생각이 들어 무슨 말로든 위로해주고 싶었다. 그래서 나는 세 살 때 엄마를 잃어 얼굴도 모른다고 하자 그가 흠칫하더니 내 손을 꼭 쥐었다. 여학생에게 손을 잡혀보기는 그때가 처음이었다. 무척이나 보드라운 손이었다. 괜히 가슴이 두근두근하고 얼굴도 화끈거렸다. 찔레꽃 향기가 나는 것 같았다. 그에게서 나는 향내인지 근처 어디에 찔레꽃이 있는지 알 수 없었다. 떨리면서도 퍽이나 포근하고 편안한 느낌이었다.

그 이후 정순이와 나는 많은 시간을 함께 보냈다. 영어 단어를 서로 묻고 대답하고 하모니카를 같이 연습하기도 했다. 자작나무 숲으로 가서 하루해를 다 보낼 때도 있었다. 며칠 있다가 고향으로 가려던 생각은 까맣게 잊고 말았다. 그는 전에 없이 하얀 이를 드러내며 환하게 웃기도 잘했다. 내가 소월의 시를 외워주면 그는 무척 감동한 표정을 지었다. 그때 나는 문학에 눈뜨기 시작한 문학 소년이었다.

여름방학이 다 끝나고 내일이면 꿀등재를 떠나기로 한 날 저녁, 정순이와 나는 자작나무 숲에서 만나 작별의 인사를 나누었다. 서로가 전보다 더 말이 없었다. 여름밤이 제법 깊어갔다. 이제 그만 내려가자고 하자 그는 말없이 돌아서서 밤하늘을 보며 한참이나 서 있었다. 어깨가 조금 흔들리는 것 같았다. 그가 되돌아서서 내 손을 꼭 잡았을 때 그의 손이 많이 떨리고 있었다. 그의 눈에서 달빛에 반짝이는 게 보였다. 아마도 별빛이 반사된 모양이었다. 편지를 하기로 굳게 약속하고 겨울방학 때 또 만나자는 다짐도 했다. 나는 무슨 말인가 더하고 싶은데 뭐라고 해야 할지를 몰라 안타까웠다. 그저 편지하겠다는 말만 되풀이할 뿐이었다.

그날 이후 다시는 정순이를 만날 수 없었다. 그해 겨울방학이 되기도 전에 형님이 다른 곳으로 전근되었기 때문이다. 그는 자주 편지를 했다. 그때마다 보고 싶다는 말을 꼭 적었다. 릴케의 시집이라든지 ≪마음의 샘터≫ 같은 책도 보내오고 크리스마스 때는 정성들여 만든 카드가 왔다. 나도 답장을 거르지 않았고 멋진 시를 적어 보내곤 했다. 날이 갈수록 그에 대한 생각을 하는 시간이 많아졌다. 하지만 어느 때부턴가 소식이 끊겼다. 두 번이나 편지를 보내도 답장을 못 받았다. 배신감이 들어 나 역시 더 이상 편지를 보내지 않았다. 그럴수록 그를 생각하는 마음은 더해갔다.

한참이나 시일이 지난 후에야 정순이가 내게 보낸 답장은 어느 짓궂은 친구들이 교무실에서 가로채갔다는 사실을 우연히 알았다. 그러나 그때는 이미 그가 고등학교를 졸업한 후였고, 대학을 어디로 갔는지 알 길도 없었다. 꿀등재 그의 집 주소로 보낸 편지는'이사 간 곳 불명'으로 반송되어 왔다. 꿀등재로 가서 이사 간 곳을 알아보고 싶은 마음은 간절했지만 형님도 없는 곳에 간다는 것이 왠지 멋쩍고 쑥스러워 끝내 못 가고 말았다.

몇 년이 지난 후 정순이가 초등학교 선생님이 되었다는 말을 형님으로부터 전해 들었을 뿐이다.

세웃골 솔밭 그늘에

복숭아꽃 피면 더욱 생각나는 곳, 지금도 눈에 선하다. 동네에서 1km 쯤 떨어진 곳이었다. 작은 고개 하나를 넘어가면 사방이 산으로 둘러싸여 하늘만 보였다. 첩첩이 우거진 소나무 숲 속 계곡에서는 사시사철 졸졸졸 물 흐르는 소리가 그치지 않았다. 그곳에는 복숭아나무가 많았다. 길가에, 밭둑에, 언덕배기에 온통 숲을 이루다시피 했다. 억새풀로 지붕을 이은 농막이 한 채 있어 비바람을 피할 수도 있었다. 나는 늘 거기서 놀았다. 내 나이 6~7세 무렵이었다.

그곳은 '세웃골細雨谷'이라는 이름의 골짜기였다. 동네에서는 보통 '시꿀'이라고 불렀다. 비룡세우飛龍細雨라는 묏자리 명당이 있는 곳이라고 했다. 날아가는 용이 가랑비를 내리는 명당이라는 것이다. 이것은 나이가 들어서야 알게 된 사실이다.

하지만 아직까지 그 명당 자리가 어디인지 누구도 확실하게 아는 사람은 없다. 거기에 밭이 있어 우리 할머니는 봄부터 가을까지 그 밭에서 살다시피 했다. 나는 할머니가 밭에 갈 때마다 따라가서 놀았다. 지나가는 사람도 친구도 없었지만 산토끼, 고라니, 너구리 등 산짐승과 산까치, 꿩, 딱따구리 같은 새들이 모두 친구가 되었다. 녀석들은 내가 가까이 가도 별로 피하려고 하지 않았다. 나도 그들의 일부였다. 한 마리의 작은 산짐승이었다. 여름날 갑자기 소낙비가 쏟아지면 산토끼가 농막 안으로 뛰어들어 와 같이 비를 피할 때도 있었다. 할머니는 산짐승이나 새들에게 돌을 던지거나 잡지 못하게 했다. 특히 고라니는 영물이어서 해치면 크게 화를 당한다고 절대 건들지 못하게 했다. 나 또한 짐승이나 새를 괴롭히거나 잡고 싶은 생각은 없었다.

봄철이면 골짜기 안은 온통 꽃 세상이 되었다. 산에는 진달래가 만발하여 온 산이 붉게 물들고, 조금 후에는 농막 주변이 복숭아꽃으로 뒤덮였다. 복숭아나무 밑으로 들어가면 마치 꽃지붕 아래서 노는 것 같았다. 바람이 불 때마다 연분홍 꽃비가 내렸다. 솔숲에서는 송홧가루가 바람에 날려 안개처럼 몰려다녔다. 새들은 가지 사이로 숨바꼭질하듯 넘나들며 지저귀고, 벌들이 윙윙거리며 이 꽃 저 꽃을 옮겨 다녔다. 밭둑에는 민들레, 제비꽃, 양지꽃 등 갖가지 꽃이 지천으로 피어있어 나비들의 축제 마당이 되었다. 그때는 꽃 이름도 몰랐지만 꽃반지를 해서 손가락에 끼고 복숭아꽃 가지를 꺾어 화관을 만들어 머리에 쓰기도 했다. 해가 기울어 가는 줄도 모르고 놀았다. 무더기로 피어있는 진달래꽃밭 속으로 들어가 꺾어서 꽃다발을 만들기도 하고 꽃을 따먹기도 했다. 진달래꽃 맛은 쌉쌀하면서도 상큼한 향기가 좋았다. 뛰어다니다 지치고 목이 마르면 계곡으로 내려가 시원한 물을 들이켰다. 돌을 들추면 굵은 가재가 엉금엉금 기어 나왔다. 날이 더울 때는 아예 물속에 풍덩 들어앉기도 했다.

세웃골은 꽃 잔치가 열리는 봄철이 특히 좋지만 여름은 여름대로, 가을은 또 가을대로 좋은 것이 많았다. 여름에는 우거진 숲 속에서 참매미, 쓰르라미, 말매미 등 각종 매미들의 합창대회가 열렸다. 매미들은 마치 서로 시새움이라도 하듯 쉴 새 없이 울어댔다. 가을이 되어 단풍이 들기 시작하면 맛있는 것들이 많았다. 머루는 물론이고 새콤달콤한 맛이 나는 정금나무 열매라든지, 도깨비 방망이 이야기에 나오는 개암을 실컷 따 먹을 수 있었다. 빨갛게 잘 익은 맹감도 달콤하고 맛있었다. 머루나 정금을 따먹다보면 얼굴, 손, 옷에까지 새카맣게 물이 들었다. 할머니에게 열매들을 따다 드리면 무척이나 기쁜 표정으로 내 등을 토닥거렸다. 나의 노는 일은 언제나 할머니가 집에 가자고 몇 번씩이나 불러서야 끝났다.

어느 여름날이었다. 내가 눈을 뜬 것은 해가 지고 날이 어두워진 산속에서였다. 쏘다니다가 시원한 솔밭 그늘에서 잠이

든 것이다. 겁이 더럭 났다. 할머니를 목이 터져라 부르며 산길에 넘어지면서 농막으로 달려갔다. 할머니는 나를 와락 껴안고 "아이고, 내 새끼야!"를 연발하면서 울었다. 할머니가 그렇게 어깨를 들먹이며 우는 걸 나는 처음 보았다. 나도 같이 따라 울었다. 할머니가 일을 끝내고 집에 가려고 나를 아무리 부르고 찾아도 없더라는 것이다. 틀림없이 높은 곳에서 떨어져 화를 당했거나 짐승에게 물려간 것이라고 생각했다는 것이다. 짐승이란 호랑이를 가리킨 말이었다. 당시 그 산 너머에 호랑이가 사는데 언젠가 동네에 내려와 소도 잡아가고 개도 물어갔다는 소문이 있을 때였다.

할머니는 더운 여름날에도 밭에서 김을 매거나 고추 포기를 바로 세우는 등 일을 계속했다. 그러다가 털썩 주저앉아서 건너편 산을 멍하니 바라볼 때가 있었다. 내가 불러도 들리지 않는지 돌아보지도 않았다. 그럴 때는 꼭 희끄무레한 바위 같았다. 나중에야 안 일이지만 그때 할머니는 건너편에 있는 할아버지의 산소를 바라보고 있었던 것이다. 할머니는 아들 넷에 딸 하나를 낳고 마흔 안짝에 홀로 되었다.

내가 초등학교에 들어가면서부터 세웃골에 가는 일이 뜸해졌다. 더구나 4학년 때 할머니가 돌아가시고 부터는 아예 가지를 않았다. 지금은 거기에 선산이 있어 설이나 추석 때 성묘차 들를 뿐이다. 세월이 흘러 그곳도 많이 변했다. 복숭아나무는 고목이 되어 거의 다 죽었고 농막은 형체도 없이 사라졌다.

할머니의 자취가 서린 밭에는 잡초만 우거져있다. 그리도 흔하던 산토끼, 고라니도 드문드문 눈에 뜨일 뿐이다. 하지만 내 마음속에는 그때의 모습들이 조금도 퇴색하거나 변하지 않고 그대로 남아있다.

지금 할머니는 할아버지 곁에서 잡초 우거진 밭을 내려다보고 계신다. 할머니가 누워있는 곳이 바로 비룡세우 명당자리인지도 모른다. 인정 많고 언제나 베풀기 좋아했으니 틀림없이 그 명당자리로 가셨을 거라는 생각이 든다.

오늘같이 햇볕 따사로운 봄날 생각나는 그곳은 언제까지나 지워지지 않는 내 유년의 행복한 풍경화다.

다시 한 번 뛰어놀고 싶다. 세웃골 솔밭 그늘에서.

농토산이

상당히 여러 날 동안을 밭에 가보지 못했다. 이런저런 일로 바쁘기도 했고, 요 며칠 계속해서 비가 찔끔거렸기 때문이다. 오늘은 열 일 제쳐놓고 아내와 함께 밭에 가기로 했다. 감자와 완두콩을 심어놓고 싹이 튼 걸 본 지가 꽤 오래되었으니 얼마나 자랐는지 어서 가보고 싶었다. 그뿐만 아니라 계속 내린 비에 감자밭 콩밭이 아예 풀밭으로 변하지 않았을까 걱정도 되었다.

예상했던 대로 밭은 엉망이었다. 감자밭은 명아주와 돼지풀 등 잡초가 무성하여 감자 순이 제대로 보이지도 않았고 완두콩밭은 바랭이가 뒤덮어 마치 묵정밭 같았다. 심지어 며느리밑씻개 덩굴까지 뻗어 들어와 있었다. 곱지 못한 이름을 가진 이 덩굴은 가시가 얼마나 날카로운지 손등에 스치기만 해도 상처가 나서 피가 흐른다. 지난날 며느리들의 설움이 짐작되는 풀이다.

곡식은 주인의 발걸음 소리를 들으면서 자란다는 말이 있는데 내가 너무 소홀했구나 싶어 미안한 생각이 들었다.

웃옷을 벗어부치고 감자밭을 매기 시작했다. 풀을 뽑고, 뽑히지 않는 풀뿌리는 호미로 파고, 흙을 에둘러 감자 포기에 붓을 해주고….

그러나 일이 생각처럼 그렇게 만만한 게 아니었다. 풀을 뽑는다는 게 감자가 뽑히기도 하고 호미질을 하다가 감자포기를 찍어버리기도 했다. 그뿐만이 아니다. 일을 시작한 지 두어 시간쯤 지나자 온몸이 땀에 젖어 철떡거리고 뒷목이며 어깨와 허리가 아파서 견디기 힘들었다. 그동안 비가 계속 내려서 밭에 풀이 많이 자란 탓에 일이 더욱 힘들었다. 그래도 농사꾼에게는 비가 자주 내리는 것이 가뭄보다는 낫다. 지난날 고향에서 우리 아버지가 날이 가물면 하늘을 쳐다보며 한숨짓고 전전긍긍하는 걸 숱하게 보면서 자랐다.

예나 지금이나 농사철에는 때 맞춰 비가 내려줘야 한다. 식생활을 오직 농업에만 의존하던 옛날 농촌에서는 더 말할 것도 없었다. 농부들은 가뭄이 들면 논바닥보다 가슴이 먼저 타 들어간다. 자기 논으로 물을 끌어가려고 '물싸움'도 많이 했다. 사돈은 농사짓고 나서 찾는다는 말이 있다. 자기 논에 물을 대기 위해서는 사돈이고 뭐고 인정사정 볼 것 없다는 뜻이다. 어렸을 때 여름에 물싸움하는 걸 더러 봤다. 대개는 말로 끝나지만 심한 경우는 서로 뒤엉켜 논바닥으로 뒹굴고 몸에 상처가 나기도 했다. 적어야 5~6명, 많으면 10여 명 가족의 생계가 오직 한 해 농사에 달렸으니 그럴 수밖에 없었다. 싸울 때 보면 다시는 서로 말도 하지 않고 원수로 지낼 것 같지만 며칠 후에는 언제 그랬던가 싶을 정도로 다정하게 이야기를 나누곤 했다. 그것이 농촌 인심이었다.

농사철에 날이 가물면 인심이 흉흉하고 사람들이 거칠어진다. 구름만 끼고 비가 내리지 않는 하늘을 쳐다보면서

"저놈의 하늘을 작대기로 콱 쑤셔 버릴까 보다."

하고 폭언을 한다. 평소에 하늘을 경외하고 순리대로 살아가던 유순한 사람들이 다급하면 저렇게 포악해질 수도 있는가싶어 무서웠다.

농촌 사람들은 오직 논바닥에 흘린 땀방울로 자식들 학교도 보냈다. 그 땀방울의 결실이 대처로 나가 중학교에 다니는 아들의 등록금과 책값이 되었던 것이다. 내가 이 손바닥만 한 밭뙈기에 풀 좀 매면서 힘들어 하다니 부끄러운 일이다. 새참을 먹고 힘을 내자. 호미를 놓고 뽕나무 밑 그늘로 갔다. 아내는 고추밭을 손본다고 하더니 어느새 그늘에 들어와 돗자리에 드러누워 있다. 풋고추에 된장을 쿡 찍어 막걸리 한 사발을 단숨에 들이켰다. 금방 뱃속이 얼얼해지고 힘이 솟는 것 같다.

길 건너 밭에서는 칠순이 넘은 진 씨가 허리를 구부리고 열심히 일하는 모습이 보인다. 그걸 보고 있자니 불현듯 고향 마을이

눈앞에 삼삼히 떠오르고 귀에 쟁쟁하게 들리는 소리가 있다.

"우리 같은 농토산이가 봉천지기 비전박토 몇 마지기 벌어서 자식들 상급핵교 보내기는 어렵네."

우리 아버지의 목소리다. 그때는 무슨 뜻인지도 모르고 그냥 들어 넘겼던 말들이 새삼스럽게 기억에서 되살아난다. 아버지는 '농투성이'를 언제나 '농토산이'라고 했다. 내가 언어학言語學에 문외한이어서 알 수는 없지만 농촌에서 나고 자랐으니 농토산農土産이가 틀린 말이 아닐는지도 모른다. 혹시 농투성이의 어원이 농토산이가 아닐까? 우리 아버지는 또 봉천답奉天畓이나 천수답天水畓은 '봉천지기'라고 표현했다. 그리고 우리의 논 여남은 마지기는 모두 봉천지기 비전박토菲田薄土라서 비가 오시지 않으면 농사를 지을 수 없다고 늘 걱정이셨다.

농투성이란 말이 농부를 얕잡아 부르는 말이라는 걸 나이 들어서야 알았다. 우리 아버지는 일평생을 '천한 백성, 농토산이'로 살았고 조금이라도 분수에 맞지 않은 짓은 하시지 않았다. 그러면서도 농사일이 힘들다고 불평하거나 남을 탓하는 말을 들은 기억이 없다. 겉으로 표현은 하지 않았지만 비전박토 몇 마지기에 아홉 명 대가족의 사활이 달려 있으니 오죽이나 속이 탔으랴. 그 생각을 하면 돌아가신 지 오래인 지금도 콧등이 시큰해진다. 그 형편에도 당신이 못 배운 게 한이 되어 자식들만은 절대로 농토산이를 만들지 않겠다는 말을 입에 달고 사셨다. 그 덕으로 내가 농투성이가 되지 않았던 것이다.

다시 일을 시작한다. 완두콩밭을 매는 일은 감자밭보다 더 어렵다. 콩 넝쿨과 풀이 서로 휘감고 엉켜있다. 풀을 뽑아내면 콩까지 같이 뽑히니 여간 조심스럽고 힘든 게 아니다.

또 두어 시간을 실랑이하고 나서야 감자밭과 콩밭이 말끔하게 다듬어졌다. 온몸은 땀에 젖어 후줄근하고 허리와 어깨가 욱신거린다. 그렇지만 해냈다는 성취감에 마음이 흐뭇하다. 얼마 후면 탐스럽게 살이 오른 노란 감자와 잘 영근 완두콩을 수확할 꿈에 젖어본다.

어느새 나무 그늘이 동쪽으로 옮겨가고 그림자 길이가 길어졌다. 해가 저만치 서쪽 산마루에 걸렸다. 파랗던 하늘에 분홍빛 노을이 물들어가고 있다.

'농토산이' 우리 아버지가 더욱 그리워지는 날이다.

복달임

아내가 아침부터 부산하게 들락거렸다. 동네 슈퍼마켓에서 돼지고기, 당면, 시금치 등을 사다가 잡채를 만들더니 또 멀리 S마트까지 가서 토종닭을 사왔다. 생각해보니 초복初伏 날이었다. 그러나 이상한 일이었다. 아내는 원래 대명절, 제삿날, 또는 우리 부부의 생일에 애들이 오는 경우를 제외하고는 무슨'날'을 챙겨서 음식을 만든다거나 하는 성격이 아니다. 더구나 나이 들면서부터는 밥하고, 설거지하고, 빨래와 청소하는 등의 일에 주니를 내고 있는 터였다. 먹지 않고도 살 수 있으면 좋겠다고 입버릇처럼 되뇌어왔다. 나이 들어 그러려니 하면서도 집안일이라고 해봐야 단둘이 사는 살림에 뭐가 그리 힘들다고 늘 투정을 부리는가 싶어 서운하게 생각될 때가 더러 있었다. 그런 아내가 명절도 아닌 복날에 금전과 노력을 투자한다는 건 상상도 할 수 없는 일인 것이다 그런데 오늘은 웬일일까. 아이들 다 내보내고 둘이만 호젓하게 살다 보니 복날 챙길 생각도 하는구나 싶어 기특하고 고마웠다. 무엇이든 도와주고 싶었지만 아내는 평소 여자가 주방일을 할 때는 남자가 나가주는 것이 도와주는 것이라고 입버릇처럼 말해 왔기에 모른 척하고 등산복 차림으로 카메라를 들고 밖으로 나갔다.

야생화를 찾아 사진을 찍으면서 산골짝을 헤매다 보니 어느새 몇 시간이 흘렀다. 배가 고팠다. 황기를 넣고 푹 삶은 토종닭이 눈에 삼삼했다. 날개 한 조각 뚝 떼어들고 소주 한잔 쭉 들이켤 생각을 하니 입에 군침이 돌았다. 서둘러 산에서 내려왔다.

집에는 아내가 없었다. 냉장고에서 소주병부터 꺼내들고 이리저리 둘러봐도 삶아놓은 닭이 눈에 띄지 않는다. 눈에 띄지 않을 뿐만 아니라 닭 삶은 냄새도 안 난다. 다만 식탁 위에 잡채 한 접시가 달랑 놓여 있을 뿐이다. 웬일일까. 한참을 기다리다가 아내에게 전화를 해봤다. 딸네 집에 와 있다는 대답이었다. 요새 딸이 입덧이 심해서 먹지도 못하고 고생하고 있어 뭘 좀 해 먹이려고 한다는 것이다. 닭은 생닭으로 그냥 가져왔고 복날인지는 알지도 못했단다. 두말 없이 전화를 끊고 말았다. 야속하고 서운하고 배신감마저 들었다. 바람 불면 날아갈 것 같이 연약한 외동딸이 서른여섯이라는 나이에 첫애를 가져 심한 입덧으로 고생한다는 건 알고 있었다. 그래도 그렇지, 토종닭을 사왔으면 구워서 안주하라고 날개 한쪽이라도 떼어 놓고 가든가, 처음부터 두 마리를 사서 한 마리를 두고 갈 일이지 한 마리를 달랑 사서 통째로 가지고 가 버리다니. 처자식을 위해서 꽃다운 내 젊음을 바친 게 부질없고 억울하게 생각되었다. 속이 부글부글 끓었다. 대접에다 소주 한 병을 다 따라서 막 들이켜려고 하는데 전화가 울렸다. 벨이 여러 번 울려서야 받아보니 가까이 사는 둘째 아들이었다.

"오늘 초복인데 복달임은 어떻게 하세요?"

"복달임이 다 뭐냐!"

죄 없는 둘째에게 퉁명스럽게 쏘붙이고 그간의 사정을 하소연하듯 털어놨다. 말을 다 듣기도 전에 한참 동안을 웃어대고는 지금 곧 갈 테니 잠깐만 기다리라고 했다.

오래지 않아 둘째가 삼계탕과 소주 한 박스 그리고 수박 한 덩이까지 한 짐을 싣고 왔다. 둘이 마주앉아 술자리가 벌어졌다. 소주 몇 잔 들이켜고 나니 속이 얼얼해지면서 몸이 둥둥 뜨는 듯 기분이 좋아졌다. 조금 전 아내에게 가졌던 서운한 마음까지 싹 가시고 말았다. 술기운 탓일까. 지난날 생각에 만감이 교차했다. 나의 아버님도 대단한 애주가였다. 장날이면 두루마기 자락 날리며 장에서부터 얼근히 취하고 동네 주막집을 거치는 동안 대취하여 집에 들어오시곤 했다. 그런 날은 온 집안이 아버님의 하하하 웃음소리로 가득 찬다. 집에도 늘 농주가 있어 반주를 즐기셨다. 하지만 부자간에 마주 앉아 술잔을 나누어본 일은 단 한 번도 없다. 당시로서는 생각도 못할 일이었다. 아버지라면 그저 무섭기만 했지 같이 대작을 한다거나 터놓고 대화를 나누지 못했다. 만약에 지금 계신다면 이런 자리를 가질 수도 있을 텐데 하는 아쉬움이 일었다. 부자간에 마주앉아 술잔을 나눈다는 것은 무척이나 흐뭇하고 든든하기까지 한 일이다.

따박따박 걸음마를 배우던 때가 엊그제 같은데 벌써 나와 술잔을 나누다니. 세월이 빠름을 다시 한 번 실감하는 순간이기도 했다. 더구나 둘째는 큰애의 그늘에 가려 종종 한 걸음 물러나 있었다. 편애라고까지 할 수는 없어도 큰애에게만큼 관심을 갖지는 않았던 게 사실이다. 그런 중에도 구김살 없이 자라 큰애 못지않게 살갑고 자상하다. 대견하면서도 속으로는 늘 미안한 생각을 떨쳐버릴 수가 없다. 어릴 때 직장관계로 지방으로 이사 가면서 제 외할머니에게 맡겨놓은 일이 있었다. 나중에 보니 외할머니에게 엄마, 엄마 하면서 따랐다. 지금 생각하면 그것조차도 마음에 걸린다. 열 손가락 깨물어보면 좀 덜 아픈 손가락이 있다고 말하는 사람을 본 적은 있지만 자식에 대한 부모의 정이 어찌 차이가 있을까.

닭고기도 맛있고 술도 잘 받았다. 어느새 소주 두 병을 다 비웠다. 올해 복달임은 다른 어느 해보다 더 옹골졌다.

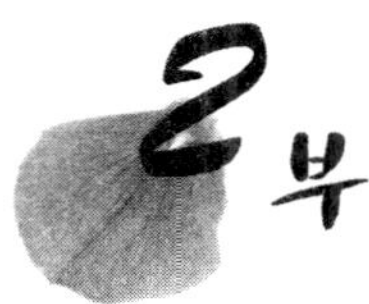

2부

뜨개질하는 여자

한낮이라선지 전철 안은 그리 붐비지 않았다. 통로에 서 있는 사람은 서너 명에 불과했다. 늘 그렇듯이 거의가 고개들을 숙이고 있었다. 대개는 젊은 사람들인 경우가 많지만 더러는 경로석에 앉아서 고개를 숙이고 전화기를 들여다보며 화면을 넘기는 노인도 보였다.

스마트폰이 나오면서부터 우리 주위가 모두들 '고개 숙인 사람들'이다. 길을 가거나 횡단보도를 건널 때도, 계단을 오르내린다든지 전철을 타고 내리는 순간에도 고개 숙인 사람들이 많다. 교통이 복잡한 거리에서는 위험해 보여 신경 쓰이고, 나는 빨리 가야 하는데 앞에서 전화기 들여다보느라고 얼쩡거리고 있으면 짜증이 나기도 한다. 그렇잖아도 현대인들이 다른 사람에게 무관심하고 오직 자기 위주로만 행동하는데 이제는 더욱 냉랭하고 삭막한 도시로 변해버렸다. 식사시간에도 별로 다르지 않다. 대중음식점에서는 물론이고 가정에서 가족 친지가 모여 함께 식사하는 자리에서도 아이들은 고개를 숙이고 있다. 가족 간의 소통은 더욱 어려워졌다.

맞은편 좌석에 앉은 여자는 고개를 숙이고 있긴 하지만 전화기를 들고 있는 게 아니어서 특별히 나의 관심을 끌었다. 그녀는 뜨개질을 하고 있었다. 옛날에는 공원 벤치라든지 기차나 버스를 탔을 때 흔히 볼 수 있었으나 지금은 사라져간 것 중의 하나다. 오랜만에 뜨개질하는 여자를 만나니 조금은 신선한 느낌으로 다가왔다. 30대 중반쯤 되었을까? 군청색 바지, 갈색 점퍼를 걸친 입음새가 자연스럽고 단아하게 보였다.

전철 안은 조용했다. 다만 여기저기서 간간이 전화를 하는 목소리가 들릴 뿐이었다. "그래, 내일 또 한잔하세." 하고 차 안이 다 들리도록 큰 소리로 외치는 영감님도 있고, 20대 초반으로 보이는 아가씨는 몇 개의 역을 지나도록 깔깔대며 수다를 떨었다. 하지만 뜨개질하는 여자는 오직 뜨개질에만 전념하고 있었다. 그동안 그녀는 두 번의 전화를 받았다. 갈색 점퍼 왼쪽 호주머니에서 거의 문고판 책 크기에 가까운 전화기를 꺼내들고

"응, 그래 알았어. 나 지금 전철 타고 있으니 나중에 다시 통화하자."

나직한 목소리로 서둘러 전화를 끊고는 뜨개질을 계속했다. 그녀는 마치 아틀란티스에서 온 여인이나 된 것처럼 시대를

비껴나 있는 듯했다.

뜨개바늘 다루는 솜씨가 퍽이나 익숙하고 민첩한 손놀림이었다. 차가 정차하면 고개를 들어서 맞은 편 창밖을 내다보기도 했다. 그럴 때는 까맣게 윤기 흐르는 머릿결이 어깨에 닿을듯 찰랑거렸다. 긴 목에 유난히 검은 눈썹, 입술을 꼭 다물고 눈에는 웃음기가 조금 보일 듯 말듯 했다.

나는 무슨 예술품 감상이라도 하듯 그녀에게 눈길을 주고 있었다. 스웨터를 뜨고 있는 것 같은데 누구를 위해 저리도 열심히 뜨개질을 하고 있을까? 그녀의 나이로 봐서 남편도 젊을 텐데 손으로 뜬 스웨터를 입을 리는 없고 아무래도 시어머니 아니면 친정 엄마를 위한 것이 아닐까 싶었다. 그러다 보니 내 기억의 실마리가 세월을 한참이나 거슬러 올라갔다.

손으로 뜬 스웨터를 즐겨 입고 다니던 때가 있었다. 아내가 감색 505털실로 한 코 한 코 떠서 만든 것으로 대나무 뜨개바늘 끝에서 긴긴 겨울밤이 사위어간 작품이었다. 흰 와이셔츠 위에 그 스웨터를 입고 거울 앞에 서면 목 밑 V자로 파진 부분으로 넥타이가 살짝 보이는 모습이 내가 봐도 그렇게 멋질 수가 없었다. 추운 겨울에 거리를 걸어 다녀도 소.대한 추위를 별로 느끼지 못했다. 털스웨터가 따습기도 하지만 아내의 정이 느껴져 더욱 훈훈했다. 지금은 모두들 백화점에서 좋은 스웨터를 쉽게 사서 입고 다닌다. 그러나 그것은 사랑과 정성이 담겨있지 않은 기계로 대량생산한 제품일 뿐이다. 세상이 변해서 손으로 스웨터를 뜨는 고생을 사서 할 필요는 없어졌다. 그뿐만 아니라 편하고 쉬운 것만 찾는 요즘 누구를 위해 털실 올올이 정성을 담을 여자가 있을 것 같지도 않다. 이런 세태를 생각하면 마음이 무척 삭연索然하다.

내가 내릴 동대문역에 이르도록 그녀는 뜨개질을 계속하고 있었다.

전철을 내리면서 다시 한 번 그녀를 돌아다봤다.

그 스웨터를 받을 주인공이 나라도 된 것처럼 가슴이 훈훈해지는 기분이었다.

그 꼴 보고는 못 살아

직장 초임 시절, 관사에서 살 때가 있었다. 방 두 칸, 부엌 한 칸, 화장실 한 개뿐인 작은 집 스무 채가 다닥다닥 붙어있는 허술한 관사였다. 울도 담도 없고 앞집이나 옆집과의 경계도 없었다. 그러니 다른 집에서 부부 싸움하는 소리나 노래 부르는 소리 등 조금 큰 소리는 다 들렸다. 그뿐만 아니라 낮에 사무실에서 있었던 일이 저녁에 누군가의 집으로 전달되어 이튿날이면 관사 전체에 좍 퍼지곤 했다. 심지어 어느 집 부부간에 잠자리에서 있었던 일까지 확대되고 각색되어 떠돌아다녔다. 남편이 출근하고 나면 할 일 없는'사모님들'이 모여 이런 저런 정보를 교환하고 남의 말을 전달하곤 했다. 직원들 간에 나누었던 야한 이야기까지 저녁이면 관사로 전해졌다. 그때 안 사실 한 가지는 밖에서 별로 말이 없는 사람이 집에 가서는 말을 많이 한다는 것이다. 사무실의 말을 집으로 옮겨가는 주인공은 거의가 밖에서 별로 말이 없는 사람이었다.

그나마 이런 일들은 그냥 웃고 넘기면 그만이지만 더 큰 애로사항이 있었다. 직장에서 남편의 지위의 고하가 '사모님들' 사이에도 그대로 적용되었다. 지위 높은 직원의 아내는 낮은 직원의 아내를 마치 아랫사람 다루듯 함부로 한다는 것. 이러니 관사 생활의 불편이 이만저만 큰 것이 아니었다.

사람에 따라 술이 취하면 나타나는 반응이 다르다. 공연히 시비를 걸어 싸움을 하는 부류가 있는가 하면, 길바닥에 주저앉아 엉엉 우는 사람 등 가지가지다. 나의 경우는 어떠한가. 노래를 부르는 타입이다. 온 동네가 다 들리도록 노래를 부르고 집이 가까워지면 큰애의 이름을 부르면서 호기롭게 귀가한다. 집에 들어가서는 또 노래를 부른다. 따라서 내가 술에 취한 날은 온 동네가 다 알게 되는 것이다. 그래서 나는 아예 술꾼으로 소문이 날 수밖에 없었다. 하지만 내 딴에는 자칭 착한 주정꾼, 멋진 한량으로 치부하고 있던 터였다.

한번은 기분 좋게 취해서 노래를 부르며 귀가했는데 아내의 태도가 전 같지 않았다. 창피해서 못 살겠다는 것이다. 알고 보니 앞집 여자 때문이었다. 낮에 많은 사람들 앞에서 무안을 당했다고 했다. 앞집 여자의 말이, 그런 주태백이와 어떻게 사느냐고 하면서 "난 그 꼴 보고는 죽어도 못 살아." 이랬다는 것이다. 취한 중에도 정신이 번쩍 들었다. 당장 앞집으로 쫓아가 해대고 싶었지만 그럴 수는 없는 일. 앞집 여자의 남편 Y씨는 나와 같은 사무실에 근무하고 있었고 나보다는 한참 연장자였다. 평소에는 점잖고 좋은 사람이지만 술만 취했다 하면 문제가 심각한 사람이었다. 어느 땐가는 술집 홀에다 '작은 볼일'을 본 적도 있었다. 그런 자기의 남편을 두고 나의 흉을 보다니. 어디 두고 보자. 나는 속으로 단단히 별렀다.

복수의 기회는 의외로 빨리 찾아왔다. 그날도 얼근히 취해서 노래를 흥얼거리며 집에 왔는데 집 앞 땅바닥에 사람이 누워 있는 게 어렴풋이 보였다. 깜짝 놀라서 들여다보니 바로 앞집 Y씨가 아닌가. 인사불성으로 취해서 잠이 든 상태였다. 깨워서 자기 집으로 데려다 주려다가 퍼뜩 생각되는 바가 있었다. 옳거니, 이 모습을 내 아내에게 보여줘서 이런 사람도 있다는 걸 알리자, 그리고 앞집 여자에게 복수를 하자. 그 꼴 보고는 못 산다고 했다지. 어디 이 꼴 한번 봐라. 오는 방망이에 가는 홍두깨다. 순발력 있게 멋진 계획을 생각해낸 내 자신의 기지에 스스로 감탄하면서 아내를 불러 그 모습을 보여줬다. 그리고 앞집으로 보냈다. 나는 회심의 미소를 짓고 밖의 동정을 살폈다. 곧이어 앞집 여자가 달려와 자기 남편을 흔들어 깨웠다. 크게 내지르는 목소리에 가시가 돋아 있었다.

"야! 일어나, 집에 가자. 야야! 빨리 일어나!"

아니 이게 웬일인가. 마치 말 안 듣는 아이를 나무라는 투였다. 요즘은 새내기 부부 사이에 서로 말을 놓는 경우가 있다고 한다. 연속극에서 그런 장면을 보고 비위가 상한 적이 있었다. 하지만 그때는 1970년대 후반, 50을 바라보는 여자가 자기 남편에게 하는 이 해괴한 말투에 놀라지 않을 수 없었다. 가히 남의 남편 흉을 볼 만한 여자였다.

이튿날, Y씨는 전날 밤의 일을 비밀에 붙여 달라고 사정했다. 자기 부인을 생각하면 동네방네 쌍나팔을 불고 싶었지만 차마 그럴 수는 없었다. 세상에 술 취해서 땅에 드러눕는 사람 어디 한둘이냐고 위로의 말을 하고는 다른 사람에게 그 이야기는 일체 하지 않았다.

이 사건 하나로 나는 아내에게서 점수를 따고 앞집 여자에게는 통쾌한 복수를 하고, 일석이조의 효과를 거둔 셈이다. Y씨에게는 미안한 일이었다. 그 후로는 내 아내의 태도가 달라졌다. 노래 부르는 술주정을 별로 탓하지 않았다.

나는 아내에게 앞집 여자에게서 받은 것을 그대로 되돌려주라고 충동질했다. 술에 취하여 남의 집 마당에서 잠자는 남편과 어떻게 사느냐고.

"그런 꼴 보고는 죽어도 못 살아."

이 말을 꼭 해주라고 했지만 아내는 그저 웃기만 했다.

손으로 쓴 편지

편지 한 장을 받았다. 주홍색 종이를 곱게 접어서 만든 꽃봉투에 우표가 단정하게 붙어 있다. 핑크 빛 편지지 두 장에다 손으로 꼬박꼬박 눌러 쓴, 원고지 7장 분량의 편지다.

꽃봉투를 받고 보니 학창시절 감색 교복의 여학생에게서 편지를 받았을 때처럼 가슴에 물결이 인다. 긴 세월의 저편에 접어 두었던 아련한 사연들이 하나하나 되살아나 감회가 새롭다.

편지를 잘 쓰기 위해서 많은 시간과 노력을 기울인 때가 있었다. 펜글씨 교본을 구입해서 글씨 연습을 하고 서간문집을 사 보았다. 봉투 하나를 쓰기 위해 여러 번을 다시 쓰곤 했다. 우표도 아무렇게나 붙여서는 안 되고 반드시 상대방의 이름 오른쪽 위에 반듯하게 붙였다. 편지를 받을 상대가 여학생일 때는 더욱 신경을 썼다. 소월素月이나 셸리(Percy Bysshe

Shelley)의 시구를 인용하는 건 기본이고 철에 따라 고운 꽃잎을 넣어 보내기도 했다. 그래서 꽃마다 가지고 있는 꽃말도 알아야 했다. 코스모스는 순정을, 붉은 장미는 열렬한 사랑과 정열을 상징했다. 금잔화는 이별과 실망을 뜻한다고 해서 좋아하는 사람이나 존경하는 상대에게 절대로 보내서는 안 되는 꽃이었다. 편지로 해서 남녀 간에 아름다운 인연을 맺어 일생을 같이한 부부도 많다. 나 역시도 그렇다. 수없이 많은 사연을 편지로 주고받았던 단발머리 여학생이 반백의 머리가 되어 지금도 내 곁에 머물고 있다. 편지는 우리 생활에 공적으로나 사적으로나 그만큼 중요하고도 필요한 존재였다. 하지만 이제는 전화나 e-메일에게 그 자리를 내어주고 녹슨 추억의 한 페이지를 차지하고 있을 뿐이다.

여학생에게 보내는 편지 못지않게 정성을 들여 써야 하는 경우가 바로 고향 부모님께 보내는 편지였다. 이때는 아기자기한 문구는 일체 쓰지 않고 한껏 의젓한 티를 내기 위해 노력했다. 아버님을 비롯해서 집안 식구들의 안부를 일일이 묻고, 때가 농사철이면 농사일에 대해서도 걱정을 덧붙였다. 나의 학교생활 이야기, 특히 시험 성적이 좋다는 이야기는 과장해서 썼다. 멋진 사자성어나 옛 성인의 말을 동원하기도 했다. 그리고는 맨 밑에 가서 돈 보내 달라는 내용은 간단히 한 줄만 썼다. 사실은 이 한 줄을 쓰기 위해서 장문의 편지를 쓸 때가 많았다. 하지만 집에서는 나의 편지를 받는 것 그 자체가 온

가족의 즐거움이었고 집안의 장래 희망이었다.

편지 이야기를 하자니 지금도 웃음이 나오는 에피소드가 하나 있다. 중학교 1학년 여름방학 때 고향에 내려와 있는데 우편엽서 한 장이 집으로 배달되었다. 같은 반 친구가 보낸 것인데 전부 영어로만 씌어 있었다. 당시에 중학교 1학년이 영어로 편지를 쓸 실력이 있을 리 없었다. 그저 '즐거운 시간 보내고 있느냐. 나도 잘 있다. 안녕.'하는 정도의 간단한 영문을 책을 보고 베낀 것이었다. 나도 책을 베껴서 영어로 쓴 엽서를 보냈다. 이 일로 해서 내가 중학교에 들어가자마자 영어로만 편지를 주고받는다는 소문이 퍼지는 바람에 동네 어른들이 여러 가지 말을 영어로 해보라고 졸라서 혼이 나기도 했다.

손으로 쓴 편지를 받거나 보낸 지가 언제인지 까마득하다. 나이 어렸을 때는 편지를 받으면 언제나 가슴이 설렜다. 하지만 요새는 기다려지거나 가슴 설레게 하는 편지는 아무것도 없다. 내 이름으로 배달되는 우편물은 안 봐도 뻔하다. 각종 세금이나 요금 고지서, 청첩장 또는 주차위반 통지서 등 모두 돈을 지불해야 하는 것들이다. 오래전에 읽었던 어떤 사람의 글이 생각난다. 젊은 날에는 전화나 편지가 기다려지고 하루에 전화 한 통도 오지 않은 날은 우울하기까지 했는데 나이 들고부터는 전화 벨 소리에 겁부터 나고 초인종만 울려도 가슴이 덜컥한다는 것이다. 참으로 공감이 가는 글이었다. 나이가 들어갈수록 누가 나를 찾는 것이 반갑지 않고 사람 사귀는 것도 어렵다. 그저 누구도 나를 건드리지 않고 가만히 놓아두는 것이 좋다.

지금은 손으로 편지를 쓰는 사람을 찾기 어렵다. 나 역시 펜으로 글씨를 쓰기가 싫어졌다. 물론 컴퓨터로 자판을 치기 시작하면서부터다. 심지어 우편물을 보낼 때 겉봉의 주소와 이름까지도 프린터로 뽑아 오려 붙인다. 그래서 손으로 쓴 편지가 더욱 귀하게 느껴진다.

오랜만에 나에게 깊은 감동을 준 꽃봉투는 새별이가 보내온 것이었다. 지금 대학 3학년인 새별이는 작고한 형님의 손녀이니 나에게도 손녀가 된다. 또한 학과는 달라도 내가 다녔던 학교에 다니고 있어 후배도 되는 셈이다. 그 애가 나의 글이 실린 책을 읽고 편지를 보낸 것이다. 온 식구가 둘러앉아 나의 글을 읽으며 박수를 쳤다는 내용과 함께 학교 캠퍼스의 풍경과 학교생활 얘기도 자세히 적혀 있어 지나간 학창 시절을 더욱 생각나게 했다.

전화도 e-메일도 다 제쳐두고 손으로 써서 보낸, 참으로 꽃보다 더 아름다운 편지였다.

술 유감遺憾

동서고금을 망라해서 술에 얽힌 이야기를 하자면 한이 없을 것이다. 술로 인해서 나라를 망친 군주도 있고, 술 때문에 가산을 탕진하고 몸을 버린 사람들이 오죽이나 많은가. 그런가 하면 또 술로 해서 가연을 맺었다는 아름다운 이야기가 전해지기도 하고, 이루기 어려운 일을 술이라는 매개수단을 이용해서 성사시켰다는 말을 들은 적도 있다. 그러고 보면 술이란 마시는 사람에 달렸지 꼭 나쁘기만 한 것은 아니라는 생각이 든다.

이야기를 하자면 한이 없을 남의 술 이야기는 그만두고 우선 나의 술에 얽힌 이야기를 좀 해야겠다. 솔직히 말하자면 나는 진작 술을 끊어야 했다. 열 살 무렵 집에서 내린 소주를 어른들 몰래 훔쳐 마시고 속이 울렁거리고 숨이 막혀 죽을 것만 같아 뒷동산 소나무 밑에 가서 뒹굴고 토하고 했던 일이 있었다. 그때 죽지 않고 살아난 걸 다행으로 여기고 술을 마시지 않아야 했다. 그런데도 아직까지 술을 끊기는 고사하고 끊겠다고 말이라도 해본 적이 없다. 40년을 피웠던 담배는 딱 한 번으로 독하고 모질게 내쳤으면서도 술에 대하여는 왜 그리 끈끈한 정을 버리지 못 하는지 그 이유를 모르겠다. 술 때문에 죽을 뻔한 게 어렸을 때뿐만이 아니다. 군에 있을 때는 아예 죽었다가 다시 살아났다.

군 생활 30개월을 마치고 제대명령을 받은 것이 추석을 이틀 앞둔 때였다. 군대라고는 하지만 추석이 되니 다들 마음이 들뜨고 즐거운 판인데 제대명령까지 받았으니 그 기분 오죽할 것인가. 부대 밖에도 무상출입이었다. 더구나 그때 나는 헌병으로 제대명령이 내려와 있는 몸이니 부대 밖에 나가서 기분을 낸들 누구 하나 시비할 사람이 없었다.

추석날 아침, 마음 맞는 친구 두 명과 함께 취사장에 가서 식사도 하지 않고 추석 부식으로 나온 생닭 두 마리를 가지고 부대 밖으로 나갔다. 평소에 잘 다니던 술집으로 들어가 닭을 삶아놓고 셋이서 술을 마시기 시작했다. 소주와 막걸리를 섞어가며 얼마나 마셨는지 알 수가 없고 내가 다시 의식이 돌아와 눈을 뜬 것은 춘천의 육군병원에서였다.

"하 병장! 하 병장!" 하고 부르는 소리가 어렴풋이 들렸다. 눈을 뜨고 보니 간호장교가 나를 부르고 있었다. 나의 팔에는 링거바늘이 꽂혀있고 주위에는 줄지어 놓여있는 침대마다 환자들이 죽 누워 있었다. 병원에 들어온 지 3일째라는 것이다. 머리가 깨지는 것처럼 아프고 목에 뭘 넘기기만 하면 다시 넘어와버려 아무것도 먹을 수가 없었다. 지주막하출혈이라고 했다. 보통은 뇌출혈이라고 부르는데 뇌동맥이 파열되어 죽지 않으면 실어증으로 말을 하지 못하거나 실행증(전에 습득한 행위를 할 수 없는 증상)이 올 수 있는 등 위험한 증상이라는 것이다.

나중에 들은 이야기는 이러했다. 술집에서 나와 걸어가는데 마주 오던 다른 부대 하사관에게 내가 시비를 걸더라는 것. 그러자 그 하사관이 나를 힘껏 떠밀었고 나는 무방비 상태에서 마치 나무토막이 쓰러지듯 뒤로 벌렁 넘어져 토하면서 인사불성이 되었다고 한다. 땅에 머리를 부딪쳐 아예 죽었다고 부대 안팎에 소문이 나고 헌병참모에게 보고가 되어 사단에 단 한 대뿐인 L-19 정찰기를 이용해 춘천 육군병원으로 후송이 되었다는 것이다. 그것도 헌병참모가 서둘러서 비행기를 이용할 수 있었다고 한다.

입원한 지 한 달 만에 퇴원을 했다. 담당 군의관은 더 있어야 된다고 했지만 어서 집에 가고 싶은 마음에 아픈 것도 안 아프다고 우겨서 퇴원을 한 것이다. 본대에 돌아오니 죽었던 하 병장이 살아왔다고 모두 모여들어 한바탕 시끌벅적했다. 예비사단에 가서 신고해야 할 시일이 지나버려 다시 공문을 보냈다고 했다. 부랴부랴 필요한 서류들을 준비해가지고 광주에 있는 예비사단으로 갔다. 머리는 계속 아프고 몸은 무거웠지만 그래도 마음은 홀가분하고 즐거웠다.

예비사단에 도착 해보니 또 엉뚱한 일이 기다리고 있었다. 제대자 신고일이 되어도 사람이 오지를 않아 탈영병으로 처리되어 있다는 것이다. 본대에서 나중에 보냈다는 공문을 받지 못한 것이었다. 순간 맥이 탁 풀렸다. 다행히 거기서 근무하는 고교 동문 선배 한 사람을 만나 탈영병으로 붙들리지는 않고 필요한 서류를 하러 다시 강원도 산골 본대에까지 가야 했다.

그때 죽지 않고 살아난 것은 참으로 명이 긴 덕분이었다. 술 한번 잘못 마시는 바람에 제대일자가 한참이나 늦어지고 그 후유증으로 수십 년이 지난 지금도 머리가 자주 아프다. 그러면서도 아직까지 술을 내치지 못 하고 연연하는 것은 아무래도 타고난 운명이 아닌가 싶다.

나의 성姓 하河자에 물이 들어있고 이름의 병炳자는 병甁자와 음이 같고 주珠자는 주酒자와 음이 같으니 어찌 술병과 서로 떨어져서 살 수 있으랴.

2천 원어치는 없어요

외출에서 돌아오는 길이었다. 날씨가 추워서 모두들 발길이 바빴다. 우리 아파트로 들어서니 마침 장날이었다. 김이 하얗게 서린 순대 가게가 사람들로 붐볐다. 그걸 보자 갑자기 따뜻한 순대 안주에 소주 한 잔 생각이 났다. 선 채로 순대를 먹고 있는 사람들 틈으로 비집고 들어가 2천 원을 내밀면서 빨리 달라고 재촉했다.

"2천 원어치는 없어요!"

어기차게 생긴 여자가 쳐다보지도 않고 퉁명스럽게 말하고는 하던 일만 계속했다. 얼굴이 화끈했다. 거기 모인 사람들이 시대에 뒤떨어진 늙은이라고 나를 비웃는 것 같았다. 실은 천 원어치를 살까 하고 생각하던 중이었다. 천 원어치씩을 사먹던 기억이 아직 생생한데 언제 그렇게 되었을까.

중국 관광을 갔을 때였다. 상해上海에서 소주蘇州로 옮겨가 당나라 시인 장계張繼의 시 풍교야박楓橋夜泊으로 유명해진 한 산사를 구경했다. 다시 동양의 베니스라고 하는 주자자오朱家角에서 선유船遊를 즐기고 나자 안마를 받는 프로그램이 있었다. 여행길에 피곤한 몸을 풀어준다고 하면서 가이드가 특별히 주의사항 한 가지를 말했다. 안마를 받은 뒤에 팁을 많이 주지 말고 2천 원만 주라는 것. 그들에게는 2천 원도 큰돈인데 더 많이 주어 버릇하면 단위가 높아져서 안 된다는 것이다. 한 방에 두 사람씩 들어가게 되어 있었다. 나는 큰아들과 같이 들어갔다. 스무 살이 갓 넘어 보이는 아가씨 둘이 우리를 맞았다. 화려하거나 튀게 예쁘지는 않아도 귀엽게 생긴 얼굴들이었다. 피부, 머리 색깔, 얼굴 생김새가 한국 아가씨와 같아 낯설지가 않았다.

"친구?"

그중에 한 아가씨가 서툰 발음으로 우리가 친구 사이냐고 물었다. 부자간을 친구냐고 해서 아들과 나는 한참을 웃었다. 한국 관광객이 많다 보니 간단한 한국어는 하는 모양이었다.

안마는 한 시간 가량 계속되었다. 호사였다. 팔다리부터 시작해서 어깨, 허리 까지 온몸을 나긋나긋 녹여왔다. 나중에는 양 무릎으로 허벅지를 누르고 두 손으로 양쪽 어깨와 가슴을 쥐어짜듯 주물러댔다. 정신이 몽롱했다. 마음속에 갈등이 일기 시작했다. 이런 호사를 누리고 달랑 2천 원을 줘서는 도저히 안 될 것 같았다. 아직 나이도 어린 아가씨들이 먹고 살기 위해 꿈에도 본 적 없는 이국 남자들을 상대로 땀 흘리며 이 고생을 하는구나 싶어 애잔한 마음이 들었다.

안마가 끝났다. 아가씨들은 땀을 흘리고 있었다. 어쨌든 기분이 좋고 몸도 확 풀렸다.

"하오!"

내가 아가씨의 어깨를 가볍게 치면서 얻어들은 중국어 한 마디를 흉내 냈다. 아가씨가 환하게 웃으며 허리를 깊이 숙여

"안녕히 가십시오."

했다.

두 아가씨를 한 쪽으로 불러 만 원짜리 한 장씩을 손에 쥐어 줬다. 그들은 눈을 휘둥그렇게 뜨고 입을 쩍 벌리더니 밖을 내다보며 동정을 살폈다. 그리고는 나를 향해 손가락을 입에 대고 머리를 좌우로 가만히 흔들었다. 아무에게도 말하지 말라는 뜻이었다. 나도 고개를 끄덕이며 손가락을 입에 대고 살짝 웃었다.

가이드의 주의사항을 어기고 만 원을 준 게 잘못한 것인지 아닌지는 지금까지도 알 수 없다. 다만 그걸 받고 행복해 하던 모습만 생생하게 남아있을 뿐이다. 아마도 만 원이 아니라 2천 원을 줬더라도 그 아가씨는 고맙다고 행복한 웃음을 지으며 허리를 굽혔을 것이다.

나는 우리 돈의 가치에 대해서 혼란스러울 때가 많다. 설날

세배 온 손녀아이에게 천 원짜리 몇 장을 주었다가는 설령 그 아이가 초등학교 1학년이라 해도 시쳇말로 웃기는 이야기가 되는 세상이다. 제주도에 갔을 때 호텔에서 며칠 묵는 동안 날마다 갈등을 겪었던 일이 생각난다. 외국 여행에서는 방을 비우면서 베개 밑에 1달러짜리 한 장을 놓아두고 나오는 게 아주 자연스러웠는데 국내에서는 그렇게 되지 않았다. 천 원짜리 한 장을 놓고 나올 수는 없었다. 두 장이라 해도 마찬가지다. 그렇다고 해서 날마다 만 원짜리를 놓을 수도 없는 일 아닌가.

지금 세상은 숫자에 만성이 되고 소비 단위가 높아져 있다. 중학생 아이에게 용돈으로 5만 원짜리 한 장을 예사로 주고, 받는 아이도 놀라지 않고 그냥 받는다. 그렇다고 해서 모두가 경제 사정이 그렇게 넉넉한 것도 아니다. 높아진 소비 단위에 소득수준이 뒤따르지 못하고 있는 실정이다. 요즘 연어족이 늘어나고 있다고 한다. 돈은 써야겠는데 자기 수입으로는 감당이 안 되니 따로 살던 젊은이들이 다시 부모의 품으로 돌아가 기대 산다는 것이다. 그러면서도 그들의 과소비 풍조는 변하지 않는 것 같다.

하기야 2천 원만 주라는 가이드의 말을 무시하고 만 원을 준 나 역시 과소비였는지도 모른다.

2천 원어치는 없다고 무뚝뚝하게 내쏘던 순대 가게 여자도 이해가 된다.

L 여사의 사계四季

L 여사에게 전화를 했더니 지금 막 나가는 길이란다. 오늘이 중국어 배우러 가는 날이라는 것이다. 그녀는 늘 바쁘다. 춘·하·추·동 사계절 어느 하루도 한가하게 지내는 날이 없다. 사는 방식이 좀 별난 데가 있다.

올해가 회갑인 그녀는 아들 하나와 딸 하나, 남매를 두었는데 모두 결혼해서 따로 나갔고 지금은 남편과 둘이서만 일산에서 59평 아파트에 살고 있다. 동갑인 남편은 160여 명의 사원을 거느린 회사의 대표이사 사장이다. 경제적 여건은 우리 사회의 상류층에 속한다고 볼 수 있겠다.

L 여사는 어렸을 때 힘든 시절을 보냈다. 7남매의 맏이로 태어나 엄마가 일찍 돌아가시는 바람에 어린 동생들의 엄마 노릇까지도 하지 않으면 안 되었다. 그리 넉넉지 못한 형편에

엄마마저 세상을 떠나버리자 여고 졸업 후 대학진학의 꿈을 접고 동생들 뒷바라지와 집안 살림살이에 매달려야 했다.

일반적으로 사람은 보상심리가 작용하기 마련이라고 한다. 가난으로 고생했던 사람이 부자가 되면 자신의 불우했던 과거를 보상 받으려 한다는 것이다. 값비싼 보석을 사들이고 외제차, 명품 가방, 명품 옷으로 호사를 누리고 값싼 대중음식점에는 들어가지 않는 등 의식적으로 보통 사람들과 차별화하기에 신경을 쓴다는 것. 또는 자기의 과거를 아는 사람을 기피한다든지 고향 친구와는 담을 쌓기도 한다. 드문 경우지만 더러는 성격이 모지락스럽게 변해서 가난하고 약한 자를 무시하고 학대하는 데 만족을 느끼는 가학적인 인간이 되는 경우도 있다는 것이다. 이런 현상을 일종의 '한풀이'로 보는 견해도 있다. 머슴살이해서 부자가 된 사람이 자기가 부리는 머슴에게 새경(사경=私耕) 주는 데 지독히 인색하고 혹독하게 일을 시키는 것을 시골에 살 때 본 일이 있다. 이런 것들은 사회적 약자가 신분상승이 되었을 때 나타날 수 있는 부정적인 측면들이지만 예외 없이 모두 그런 것은 아니다. L 여사가 바로 그 예외의 경우에 해당된다고 하겠다.

그녀가 결혼하고 생활에 여유가 생기자 두 아이를 키우면서 40대 후반에 방송통신 대학을 졸업했다. 대학을 가지 못했으니 으레 그러려니 했는데 그게 다가 아니었다. 남편이 회사에서 지위가 높아져 경제적으로 넉넉하게 되자 그녀가 하는 일은 더욱 많아지고 일상이 바빠졌다. 상담사 자격증을 취득하여 중·고교에서 상담활동을 하고 있다. 그뿐만 아니라 한문 서당에도 다녀 사범 자격을 따냈고 ≪십팔사략十八史略≫을 끝내고 지금은 ≪맹자孟子≫를 배운다는 것이다. 그리고 요즘에는 또 중국어 공부를 시작했다고 한다. 그러면서도 토요일에는 남편과 함께 노인복지회관에 나가 노인들을 위한 봉사활동도 한다. 또 일요일에는 성당에 가서 미사 드리고 교우들 300여 명 분의 식사 챙겨주는 일을 돕는다. 그러니 주말이나 공휴일에도 한가할 틈이 없다.

그녀는 늘 말이 없는 편이다. 누구의 흉을 본다든가 요시랑 비시랑 남의 이야기를 늘어놓지 않고 자기 자랑도 하지 않는다. 얼마 전에 만났을 때 회갑 선물로 남편에게서 무엇을 받았느냐고 물어본 적이 있다. 그녀는 신형 그랜저를 받았다는 말을 그저 덤덤하게, 지나가는 말처럼 한마디 하고 말았다.

그녀의 남편 또한 대단한 사람이다. 그만한 규모의 회사 사장이면 늘 바쁘고 만나야 할 사람도 많을 텐데 주말이나 공휴일에 여간해서는 외출을 하지 않고 가족과 함께한다는 것이다. 그뿐만 아니라 평소 퇴근 후에는 아내와 같이 호수공원을 거닐며 아내의 말을 들어주는 시간을 갖는다고도 했다. 나는 그들 부부가 서로 다투었다는 말을 아직까지 들어본 적이 없다. 남편은 아내가 하는 일을 전적으로 존중해 주지만 서로 의견이 다를 때는 기어코 아내를 설득하고 만다는 것. 그래서 L 여사는 언제나 남편에게 설득만 당하고 자기의 주장을 펴지 못하고 산다 생각하면 조금 억울한 생각이 들긴 해도 기분은 괜찮다고 한다. 그녀의 남편은 아내를 지칭할 때 항상 '이 친구'라는 호칭을 쓴다.

아무리 생각해도 L 여사가 살아가는 방식은 나의 상식을 벗어난다. 이제 사치도 좀 하고 끼리끼리 어울려 다니며 '티'를 내고 '사모님' 노릇을 할 만도 한데 전혀 그렇지가 않다. 그냥 보통 아낙으로 늘 바쁘기만 하다. 골프장에 가는 대신 탁구장으로 가서 운동을 한다. 그렇다고 그녀가 꾀죄죄하게 못난 것도 아니다. 특별히 눈에 띄는 미인은 아니지만 165cm 가량의 작지 않은 키에 얼굴은 훤하고 눈은 맑게 빛난다. 표정은 언제나 밝고 몸가짐은 흐트러짐이 없다.

내 아내가 L 여사에게 물어본 적이 있다. 이제는 인생을 즐기면서 편하게 살아도 되는데 왜 늘 동동거리면서 바쁘고 힘들게 사느냐고.

그녀는 말없이 웃기만 했다.

말 한마디

컴퓨터가 말썽이다. 인터넷이 잘 열리지 않고 어쩌다 열려도 시간이 너무 오래 걸린다. 갑자기 화면이 정지해버리기도 한다. 이럴 때는 속이 많이 상한다. 해당 회사에 전화를 했다. 자동응답기에서 회사 광고 멘트가 한참 나온 후에야 여자 상담원이 전화를 받았다. 다소 열을 받아서 목소리가 거칠어진 나의 설명을 다 듣고 나더니 초보적인 문제 해결방법을 차분하고 고운 목소리로 차근차근 이야기했다. 그리고 기사를 보내주겠다면서 끝맺는 말이 나를 감동케 했다.

"날씨 추운데 감기 조심하시고 건강하세요. 상담원 김 아무개입니다."

체감온도 -20℃를 육박하는 강추위가 그 말 한 마디로 사르르 녹는 느낌이었다. 더구나 전화를 한 후 한 시간도 채 못 되어 기사가 나와 인터넷 장애를 말끔히 해결해줘서 기분이 좋았다. 그보다도 상담원의 그 말 한마디가 그날 내내 유쾌했다. 그 상담원이 평소 교육 받은 대로 앵무새처럼 누구에게나 되풀이한 말이라 해도 상관없다.

"말 한 마디로 천 냥 빚을 갚는다."라는 속담은 이제 진부하다. 하지만 눈만 떴다 하면 말을 해야 하고, 또 말을 듣고 살아야 하니 말 한 마디에 신경을 쓰지 않을 수 없다.

우리가 일생을 살면서 말을 가장 많이 주고받아야 할 상대는 누구일까를 생각해봤다. 말할 것도 없이 배우자다. 특별한 예외의 경우를 제외하고는 부부간에 가장 많은 말을 주고받는다는 데 이론異論의 여지가 없다. 그러다 보니 작든 크든 말로 상처를 많이 주는 사람도 바로 배우자가 아닐까 하는 생각이 들기도 한다.

나이가 많은 세대일수록 속으로는 그렇지 않으면서도 부부간의 대화가 퉁명스럽다. 나 역시 아내에게 따뜻한 말을 건네는 데 무척 서툴다. 내 아내도 그렇다. 내가 퇴직하고 나니 시간이 남아돌고 심심하기도 해서 아내의 일을 돕는 경우가 많다. 설거지를 한다든지, 마늘을 까는 일 등이다. 그러고 나서 내 딴에는 생색을 낸답시고 허리 아프고 어깨 저리고 힘들었다고 엄살을 부린다. 그러면 고생했다고 한마디하면 어디 덧이라도 나는가? 음식해 먹고 살기가 그리 쉬운 줄 아느냐고 매섭게 쏘아붙인다. 아내로서는 특별한 악의 없이 그냥 하는 말일

테지만 듣는 입장에서는 상당히 서운하다. 내가 무의식중에 했던 말들이 아내에게도 그런 경우가 있었을 것이다.

우리 사회가 일반적으로 따뜻한 말 한마디 건네기에 인색하다. 전철에서 젊은이가 노인에게 자리를 양보해줘도 고맙다는 말 한마디 없이 그냥 앉는다. 내가 신경 안 쓰고 살려고 차를 없애버린 후로 출타할 때 마을버스를 타는 경우가 더러 있다. 차가 작고 분위기가 조촐하다 보니 운전기사가 차를 타는 승객들에게 "어서 오십시오." 하고 일일이 인사를 한다. 그런데도 승객 중에 그 인사에 답을 하는 경우가 썩 드물다. 따뜻한 말을 건네는 데만 인색한 게 아니라 인사를 받아들이는 데도 마찬가지다. 심지어 친절한 인사에 반감을 나타내기도 한다. 내 조카사위 중에 친절하고 상냥하고 예의 바른 50대 젊은이가 있다. 그가 어느 날 자기 아파트 엘리베이터 안에서 만난 여자에게 다정하게 인사를 했다는 것이다. 그런데 여자가 답례를 하는 건 둘째 치고 내리면서 다 들리도록 큰 소리로 "미친 놈!" 하고 가더란 말을 들었다.

따뜻한 말을 건네는 것 못지않게 말을 적게 하기도 배워야 할 일이다. 여기에 생각나는 고사古事 하나를 소개해야겠다. 중국 삼국시대 조조曹操가 한나라 승상으로 있을 때 수하에 양수楊修라는 모사謀士가 있었다. 머리가 좋아 조조의 내심을 늘 족집게처럼 집어내서 떠벌리곤 했다. 말하자면 영특하긴 하지만 입이 가볍고 경솔한 인물이었다. 그래서 조조는 겉으로 양수를 칭찬하면서도 속으로는 미워하고 경계했다. 조조는 평소 누가 자기를 암살할까 두려워 술수를 썼다. “나는 꿈속에서 사람을 죽이는 버릇이 있으니 내가 잠을 잘 때는 가까이 오지 말라.”고 늘 주위 사람들에게 말했다. 어느 날 조조가 낮잠을 자는데 이불이 침상 밑으로 떨어지는 걸 보고 모시고 있던 시녀가 이불을 여며주려고 가까이 가자 조조가 벌떡 일어나 단칼에 목을 베어버렸다. 그리고는 계속 잠을 잤다. 한참 후에 일어난 조조는 깜짝 놀라면서 누가 내 시녀를 죽였느냐고 슬퍼했다.

양수가 그 시녀의 시신을 보면서 또 가벼운 입을 놀렸다.

“승상이 꿈속에 있었던 게 아니고 그대가 꿈속에 있었구려.”

이 말을 조조에게 일러바치는 자가 있었다. 권력자에게 아첨하는 건 예나 지금이나 다를 바 없다. 그 후 오래지 않아 조조는 어떤 사건에 죄를 씌워 양수를 참형에 처해버렸다. 그때 양수의 나이 34세였다.

어느 책에선가 읽었던 한 구절이 생각난다.

말을 따뜻하게 하면 당신의 마음이 먼저 따뜻해진다. 또한 당신이 평소에 하는 말의 양을 반으로 줄이면 당신은 지금보다 두 배로 사랑받을 것이다.

이모

아파트 놀이터 옆 벤치에 우리 앞집 '이모'가 고개를 푹 떨어뜨리고 앉아 있다. 또 무슨 속상한 일이 있었을까? 그녀는 늘 고달프다. 몸이 힘든 것보다 마음이 더 피곤하다. 차라리 들에 나가서 농사일을 한다든지 부엌에서 음식을 만들고 설거지하는 게 열 번, 백 번 낫겠다는 말을 입에 달고 산다. 맡은 아이가 말을 잘 듣기라도 하면 좋으련만 언제나 제 고집대로니 죽을 지경이다. 이제 겨우 일곱 살 난 게 한 성깔 해서 속을 뒤집어 놓기가 일쑤다. 그럴 때는 콱 한 대 쥐어박고 싶지만 제 엄마 아빠가 알면 까무러칠지도 모른다. 요새 젊은 사람들은 아이에게 들어주지 않는 일이 없다시피 하고, "안 돼!" 소리를 하지 않는다. 그러니 아이가 제멋대로일 수밖에 없다. 그걸 참고 있자니 40℃를 육박하는 요즘 날씨보다 더 속이 끓어오른단다.

이것은 아내가 이모에게 듣고 와서 나에게 전해준 이야기다.

이모는 젊은 부부가 맞벌이하는 앞집 아이를 시간제로 돌봐주는 여자에 대한 호칭이다. 올해 나이 56세로 Y시에서 여고를 나왔다고 한다. 누가 처음에 이모라고 부르기 시작했는지 모르지만 참 잘했다는 생각이 든다. 흔히 마트나 음식점 여종업원에게 사용하는 '언니'나 파출부에게 쓰는 '아줌마'라는 말보다 한층 정겹게 들리고 아이에게도 더욱 친근한 느낌을 줄 것 같다. 또 아이의 엄마보다 나이가 많든 적든 이모라고 부르는 것이 가장 자연스런 호칭이다. 앞집 이모는 1주일에 화.수.금 3일 동안 하루에 5시간씩 15시간 아이 봐주기와 거실 청소 기타 허드렛일 등을 해주고 15만 원, 한 달에 60만 원을 받는다고 한다. 시간당 만 원을 버는 셈이다.

반 지하 두 칸짜리 방에서 월세로 사는 이모는 딸 · 아들 남매를 두었는데 딸은 출가하고 지금은 세 식구밖에 없으니 많은 편은 아니지만 돈을 벌어들이는 사람은 이모 혼자뿐이다. 남편이란 사람은 믿을 수가 없다. 아파트 경비원으로 들어가도 한 달을 못 버티고 나오기를 반복하고 있다. 게다가 서른 살이 넘은 아들은 하루 종일 컴퓨터에 매달려 게임만 하면서 안 벌고 안 쓰겠다고 한다니 속이 터질 일이다. 그래서 한 달에 60만 원 가지고는 살 수가 없어 앞집 외에 다른 집 아이를 또 맡고 있다고 한다.

학교를 다니거나 아주 어리면 차라리 낫겠는데 일곱 살 된

아이 보기가 가장 어렵다는 것이다. 옛날 어른들이 '미운 일곱 살'이란 말을 흔히 썼는데 지금도 그런 것인가? 아이가 얼마나 재장궂고 감푼지 어린이집에 가 있는 시간을 빼고는 한시도 눈을 뗄 수 없다. 게다가 고집까지 세서 더욱 힘들다.

한번은 아이가 놀이터에서 계속 놀고 집에 안 들어가려고 해서 손을 잡아끌며 들어가자고 했더니

"이모 가버려! 없어져버려!"

하고 악을 쓰더라는 것이다. 하도 분하고 서러워서 한 시간을 혼자 운 적도 있다고 했다. 당장 때려치우고 싶어도 놀고 있는 남편과 아들을 생각하면 그럴 용기가 나지 않는다. 이 집을 그만두고 다른 집으로 옮긴다고 해도 지금까지의 경험으로 보아 특별히 달라질 것도 없다. 그나마 아이의 엄마 아빠가 성격이 무던해서 견디고 있는 중이다. 이래저래 자기의 기구한 팔자타령만 늘어간다고 한다. 이모는 키도 적당히 커서 몸매가 늘씬하고 첫인상이 시원한 여인이다. 아내와 같이 가다가 인사를 나눈 적이 있는데 활짝 웃으며 인사하는 품이 가난에 찌든 티가 조금도 나지 않고 활달한 성격으로 보였다. 그런 여자가 저리도 맥없이 주저앉아 있을 때는 무엇인가 큰 심적 타격을 또 받았을 것이다.

그 아이에 대해서는 나도 겪은 일이 하나 있다. 여기 이사 온 지 며칠 안 되었을 때였다. 아내와 함께 엘리베이터를 타기 위해 서 있는데 앞집에서 여자아이 하나가 후다닥 뛰어나오더

니 우리를 밀어젖히듯 하고 앞에 섰다. 그때 엘리베이터 문이 열려 타려고 하자 아이가 손을 내저으면서 소리쳤다.

"타지 마세요! 나 지금 바빠서 먼저 가야 해요."

나는 너무도 어이가 없어 웃으면서 그냥 타려는데 기어코 못 타게 발악을 하는 것이 아닌가. 그러는 사이에 엘리베이터 문이 닫히고 결국 우리는 타지 못 했다. 그런 아이이니 이모의 속을 얼마나 썩일지 짐작이 가고도 남는다.

한 달에 100만 원도 못 되는 금액에 매달려 어린아이에게 무시당하면서도 마른 입술을 피가 나게 깨물며 참는 이모, 세상이 왜 이리 불공평하냐고 푸념하는 이모에게 시 한 수를 들려주고 싶다.

세상은 세상은 큰 잔칫집 같아도
어느 곳에선가 늘 울고 싶은 사람들이 있어
마음의 문들은 닫히고 어둠이 허기 같은 저녁
눈물 자국 때문에 눈물 자국 때문에
속이 훤히 들여다보이는 사람들과
따뜻한 국수가 국수가 먹고 싶다.

– 이상국의 〈국수가 먹고싶다〉 중에서

어느 경비원의 한숨

우리 아파트 주변에도 가을의 끝자락에 접어들었다. 갖가지 나무들이 노랗고 빨갛게 물들어 설악산이나 내장산에 가지 않아도 단풍 구경 실컷 할 수 있다고 자랑했던 게 엊그제 같은데 벌써 가을은 저만치 멀어져 가고 있다.

은행나무에 눈이 부시도록 노랗게 빛나던 가을, 벚나무 가지마다 빨갛게 불타던 가을이 소슬바람에 한 잎 두 잎 낙엽으로 떨어져 내린다. 바람이 조금이라도 세게 불 때는 한꺼번에 우수수 쏟아져 버린다. 그럴 때는 내 마음 안에서도 조락凋落의 스산한 바람 소리가 들린다.

햇볕 좋은 날 벤치에 앉아 시나브로 떨어져 내리는 은행잎을 보고 있으면 마음이 촉촉이 젖어온다. 해묵은 기억 저편에 차곡차곡 겹쳐있던 상념들, 쌓인 낙엽만큼이나 수많은 사연들이 고개를 들고 일어나 옛날을 일깨운다. 조금은 쓸쓸한 느낌이 들지만 낙엽이 내리는 벤치에 앉아 있는 시간이 좋다. 가을이 좀 더 오래 머물러 주었으면 싶다.

오늘 아침 일찍 카메라를 들고 밖으로 나갔다. 어제 집에 들어오는 길에 보니 여기저기 노랗게 물든 은행나무가 곱고 땅에 떨어진 색색의 낙엽들도 무척이나 아름다웠다. 그걸 카메라에 담아 작품 하나 만들어 볼 생각이었다. 그러나 나의 기대는 한순간에 무너지고 말았다. 아파트 경비원들이 긴 장대를 가지고 은행나무를 두들겨 잎을 털어내고 한편에서는 땅에 떨어진 낙엽을 깨끗이 쓸어내고 있는 것이다. 나는 다소 화난 목소리로 항의하듯이 물었다.

"아니, 그 좋은 단풍을 왜 털어버리세요?"

비질을 하고 있던 나이가 꽤 들어 보이는 경비원 한 사람이 나를 한참이나 바라보더니 피식 웃으면서 답답하다는 투로 말했다.

"아이고 사장님, 이놈의 단풍 때문에 아주 죽을 지경입니다."

한마디로 자기들에게는 가을이 지겹다는 것이다. 낙엽을 쓸고 돌아서면 또 떨어져 있고, 또 떨어져 있고…. 아침부터 저녁까지 낙엽 쓸기에 하루를 다 보내도 부족하다는 것. 그래서 아예 한꺼번에 털어내어 쓸어버리기로 했다고 말하는 그의 표정에 피곤한 기색이 역력했다.

"낙엽을 꼭 그렇게 쓸 필요가 있어요? 다 떨어진 후에 쓸면 되지, 낙엽을 밟으며 걷는 것도 좋은데."

"허허 참, 그건 다 살기 편한 사람들 말이지요."

엄마들이 수시로 인터폰을 해댄다고 한다. 왜 청소를 안 하느냐, 주민들이 관리비 내서 월급을 받으면 그 값을 해야 할 것 아니냐, 심지어 어떤 엄마는 관리소장에게 전화를 해서 소장으로부터 경고를 받게 되고 그런 일이 반복되면 신상에 불이익을 받을 수도 있다는 것이다. 실제로 그런 일이 있다고 했다. 새로 들어온 경비원 한 사람이 청소하는 것은 본래의 임무가 아니라고 말대답을 했다가 어머니회에서 들고 일어나는 바람에 할 수 없이 그만둔 일이 있단다. 경비원이라도 하려는 사람은 많고 자리는 없어 경쟁이 치열하다는 것. 그는 벌써 겨울 걱정을 하고 있었다. 눈이 많이 오면 참으로 큰일이라는 것이다. 낙엽이야 한 번 두들겨 쓸어버리면 그만이고 날씨도 춥지 않아 괜찮지만 겨울에 눈이 많이 내리고 어린애가 미끄러져 다치기라도 하는 날이면 애 엄마의 성화로 아예 짐을 싸야 한다면서 한숨을 쉬었다. 단풍이 들고 낙엽이 내리는 가을이 자기들에게는 고통스러운 계절이라고 말하는 경비원의 얼굴이 벌써 추워 보였다.

아름다운 자연의 모습도, 자연의 소리도 사람에 따라, 장소에 따라 아름답기도 하고 귀찮기도 하는 것이구나 싶었다. 여름날 시원한 그늘 아래서 매미 소리를 듣는다는 건 생각만 해도 마음 편안하고 행복한 일이다. 하지만 몇 해 전 대학 입시 때 영어 듣기 시험장소로 지정된 서울의 어느 학교에서 전 교

직원이 동원되어 매미 잡느라고 바쁘다는 신문 기사를 읽고 놀랐던 적이 있다.

아름다운 단풍과 낙엽을 담아 작품 하나 만들어 보려던 애초의 계획은 허사가 되어버리고 말았다. 그 대신 경비원의 고달픈 가을을 카메라에 담아 보기로 했다.

그러나 아무리 노력해 봐도 잘 되지가 않았다. 그렇다. 어떤 기술 좋은 사진작가라 할지라도 늙은 경비원의 괴로운 심정을 사진에 담아내지는 못 할 것이다.

명품

며늘애가 내 생일 선물로 티셔츠를 사왔다. 흰 바탕에 연갈색의 가로세로 줄무늬가 산뜻하다. 아내는 상표부터 살피더니 명품이라고 좋아한다.

나는 아직까지 소위 '명품'이라고 하는 브랜드를 의식하면서 옷을 입어본 적이 없다. 그뿐만 아니라 내 옷을 내 손으로 직접 골라서 사본 기억도 나지 않는다. 그저 아내가 사다 주면 그냥 입고 다닐 뿐이다. 상표 같은 것은 아예 들여다볼 생각도 않고 또 본다고 해야 명품인지 아닌지 알지도 못한다. 옷이란 얼른 봐서 칼라와 디자인에 특별히 거부감 없고 입어서 몸에 편하게 느껴지면 그만이지 더 뭘 바랄 것이 있으랴 싶다. 아무리 값비싸고 유명한 제품이라고 해도 입어서 편하지 못하면 소용없는 일 아닌가.

한번은 아내가 티셔츠를 사다 주면서 명품이라고 생색을 냈다. 백화점 매장에 마지막 하나 남은 걸 가져왔다는 것이다. 그런데 아무리 봐도 색깔이 우중충한 게 몇 년 지난 헌옷 같아 마음에 안 들고 입어보니 감촉도 껄끄러웠다. 그러나 사온 성의를 생각해서 겉으로 내색은 하지 않고 걸어두었다가 도토리 주우러 산에 가면서 입고 갔더니 아내가 생야단이 났다. 반면에 어떤 싸구려 허드레옷이 몸에 잘 맞고 편해서 외출할 때마다 그 옷만 입는다고 핀잔을 맞은 적도 있다. 하지만 나로서는 그럴 수밖에 없다. 입어서 내 몸에 편한 옷이 제일이고 나에게는 그게 바로 명품이니까.

사람을 사귀는 일도 그렇다. 만나면 만날수록 몸에 맞지 않은 옷처럼 껄끄럽고 불편한 사람이 있다. 설령 그 사람의 재력이나 사회적 지위, 학식 등 어느 면으로 보나 그야말로 '명품 인물'이랄 수 있는 사람이라 해도 마찬가지다. 내가 알고 지내는 사람 중에 그런 사람이 있다. 서로 사귄 지 50년도 넘었지만 만나고 나면 마치 입에 안 맞는 음식을 먹은 뒤끝처럼 속이 껄쩍지근하고 개운하지가 않다. 그래서 공식적인 모임 외에는 만나지 않는다. 오가다 우연히 만났다 해도 도망갈 구실부터 찾는다. 그런가 하면 또 어떤 사람은 날이 갈수록 정이 깊어지는 경우가 있다. 오래전, 어느 모임 자리에서 처음 만난 사람이 있었는데 영 마음에 안 들었다. 얼굴은 시커멓고 왜소한 체구에 늘 입을 닫고 있는 친구였다. 그런데 한 번 두 번 만나다

보니 그렇게 정이 갈 수가 없었다. 생각이 건전하고 대화도 잘 통했다. 만나면 만날수록 은근히 감칠맛이 나는 사람이었다. 그가 만나자고 하면 자다가도 벌떡 일어나 뛰어나갈 정도로 친한 단짝이 되었다.

이렇게 사람을 차별해서 대우하는 것은 아마도 나의 생각이 편협하고 금도襟度가 부족한 데 기인함이 틀림없다. 그러나 내 자신도 이러한 나의 마음을 어찌할 수가 없다. 몸에 맞지 않아 불편하기 짝이 없는 옷을 좋은 척하고 입을 수는 없기 때문이다.

세상에는 명품에 대한 열정이 아주 뜨거운 사람들이 있다. 그들은 남을 의식해서 돈과 시간을 아낌없이 쓴다. 대개는 남에게 내보이고 싶은 심리가 다분하다. 그러면서 나를 위해서 투자하는 돈은 아깝지 않다고 말한다. 그 사람의 취향이고 그 사람이 살아가는 방식이니 시야비야할 생각은 추호도 없다. 하지만 여기에는 그들이 미처 생각지 못한 점이 있다고 본다. 일반적으로 사람들은 내가 입고 있는 옷, 들고 있는 가방, 끼고 있는 반지에 대해서 내가 생각하는 것만큼 그렇게 큰 관심을 갖지 않는다. 남의 가치 기준에 따라 내 목표를 세우고 남과 비교하면서 나의 돈과 시간을 낭비하는 것은 그리 바람직한 일이 아니라고 본다.

명품이네 아니네 하고 극성을 부리지만 다분히 주관적인 경우가 많다. 그래서 모조품을 명품으로 알고 혼자 만족하기도 하고 뽐내기도 한다. 일찍이 프랑스 작가 모파상(Guy de

Maupassnat)은 그의 유명한 단편소설 〈목걸이〉에서 이 문제를 기가 막힐 정도로 예리하게 다루었다.

또한 명품을 갖는 데는 돈도 많아야겠지만 그 물건이 그 사람과 서로 걸맞아야 하지 않을까 싶다. 언젠가 TV에서 봤던 이야기가 생각난다. 어떤 사람이 자기 어머니에게 명품 가방을 사다 드리면서 이거 굉장히 비싼 명품이란 말도 덧붙였다. 그리고는 우리 어머니가 그 가방을 들고 다니면서 자랑깨나 했겠지 하고 혼자 흐뭇한 미소를 짓고는 했다. 그런데 얼마 후에 가 봤더니 그 명품 가방에 양파를 가득 담아 놓았더라는 것. 그 어머니에게는 당장 양파를 담을 그릇이 필요했던 것이다.

3부

짜장면 이야기

내가 짜장면을 처음 먹어본 것은 초등학교 4학년 때, 시골 버스 정류소 옆에 있는 중화요릿집'산동반점'에서였다. 그 앞을 지나다닐 때마다 들어가 보고 싶어도 돈이 없었고, 설령 돈이 있다 하더라도 혼자서는 들어갈 용기가 나지 않았다.

어느 일요일, 학교 운동장에 놀러 갔다가 담임선생님이 교실 환경정리하는 걸 도와드렸더니 끝나고 나서 산동반점으로 나를 데리고 갔다. 입구에 가려진 파란 천을 들추고 들어가서 먹었던 짜장면의 그 희한한 맛이 지금도 입 안에 남아 있는 것 같다. 어떻게 먹어야 할지를 몰라 망설이고 있자 선생님이 비벼줬지만 무척 서투르게 먹었던 기억이 난다. 얼굴이 온통 짜장 범벅이라고 웃으며 선생님이 닦아주었다. 검정 벨벳 치마에 흰 저고리를 입고 뾰쪽 구두를 신은 여선생님. 시골에서는 보기 드문 하얀 얼굴에 안경을 끼고 어깨에 찰랑거리는 검은 머리칼, 그 여선생님은 그때까지 내가 본 여자 중 세상에서 가장 예쁘고 옷을 잘 입은 멋쟁이였다.

짜장면을 먹는 맛은 독특하다. 달콤하면서도 고소하고 불에 태운 것 같은 알싸한 냄새가 코를 확 자극한다. 쫄깃한 면발을 씹는 재미가 있고 툼벅툼벅 썰어 넣은 감자와 돼지고기를 꼭꼭 깨무는 맛도 좋다. 요새는 종류도 다양해서 간짜장, 삼선짜장, 유니짜장 등 가짓수가 많아졌다. 하지만 나에게는 모두 옛날에 먹었던 그 짜장면만 못하다. 어쩐 일인지 간판에는 '옛날짜장'이라고 써 놓았는데 막상 들어가 먹어보면 그저 그렇다. 하지만 짜장면집에 가는 것은 즐거운 일이다.

짜장면은 마땅히 큼직하고 흰 사기대접에 면을 수북하게 담고 돼지고기와 감자를 굵직굵직하게 썰어 넣어 볶은 짜장을 듬뿍 부어줘야 제 맛이 난다.

짜장면을 '자장면'이라고 부르는 말에 나는 전혀 동의할 수가 없다. 짜장면이라고 하면 따끈따끈하고 쫄깃쫄깃하고 고소한 맛이 연상되지만 자장면이라고 했을 때는 다 식어빠져서 흐물흐물할 것 같은 느낌이 든다. 그래서 나는 자장면이라는 말은 애초부터 쓰지를 않았다. 그렇지만 글 쓰는 사람이 표준어 아닌 말을 쓴다는 생각에 찜찜했었다. 다행스럽게도 지금은 국립국어원에서 자장면과 짜장면을 복수표준어화 한 덕분에 쓰는 데 불편하지 않아서 좋다.

식욕이 왕성한 고교 시절에는 짜장면을 늘 곱빼기로 먹었다. 보통으로 먹어서는 겨우 얼요기나 될 뿐 배가 부르지 않았다. 어느 땐가는 친구와 같이 곱빼기를 먹고도 조금 서운해서 보통으로 하나씩을 더 시켰는데 몇 젓가락 먹자마자 바로 질려서 못 먹고 말았다. 아무리 좋은 것도 지나치면 물리기 마련이다. 처음에 비볐던 밥이 맛있다고 다시 비비면 틀림없이 낭패를 본다.

음식에도 반드시 궁합이 있다. 궁합을 잘 맞추어 먹어야 맛도 있고 멋도 있다. 짜장면에는 당연히 도수 높은 고량주 한 잔쯤 곁들여야 한다. 그래야 맛을 제대로 음미할 수 있고 먹는 모습도 보기 좋다. 그뿐만 아니라 짜장의 느끼한 뒷맛을 톡 쏘는 고량주가 씻어주기도 한다. 짜장면을 먹으면서 양파나 단무지만 달랑달랑 집어먹는 사람은 짜장면의 맛을 제대로 즐길 줄 모르는 사람이다. 그것은 마치 반찬도 없이 맨밥을 꾸역꾸역 먹는 것과 다름없다. 톡 쏘는 고량주 한 잔을 마신 다음에 짜장면을 듬뿍 집어 먹으면 술맛과 짜장맛이 함께 어울려 내는 그 싸한 미감味感이 기가 막히다. 이때 마음 맞는 친구와 함께 잔을 주고받을 수 있다면 그 즐거움을 어디에 비기랴. 삼겹살구이에 밥은 없어도 되지만 술이 없어서는 안 된다. 술 중에서도 막걸리나 맥주가 아닌 소주라야 궁합이 맞는 것과 같은 이치다.

음식에서 궁합이 필요한 이유는 맛을 찾고 멋을 부리는 데 필요하기도 하지만 과학적으로 확실한 근거가 있다. 예를 들면, 새우젓에는 리파아제라는 지방분해 효소가 들어있어 돼지고기와 함께 먹으면 체내에 지방 흡수를 방지하는 효과가 있다. 따라서 돼지고기와 새우젓은 궁합이 맞는 음식이다. 반대로 시금치와 두부를 함께 먹으면 칼슘 흡수를 방해하고 결석을 유발한다는 연구 결과가 있어 궁합이 안 맞는 음식으로 친다.

짜장면은 좀 거칠고 험하게 먹어야 하는 음식이다. 입술에, 코끝에, 양 볼에 짜장을 묻히면서 먹어야지 점잖고 품위 있게 먹을 수 없고 또 그렇게 먹어서는 맛도 나지 않는다. 사돈어른과 함께 먹을 음식은 못 된다. 가족과 함께 또는 허물없는 친구와 같이 먹어야 한다.

그래서 짜장면은 우리에게 다정한 음식이다.

합격

친하게 지내는 지인으로부터 전화가 왔다. 한턱낼 테니 돌아오는 일요일에 만나자고 했다. 외손자가 과학고등학교 입학시험에 합격해서 아는 사람들 댓 명을 초청, 한 잔 거하게 사겠다는 것이다. 기쁨을 주체할 수 없는 양 목소리가 한껏 들떠 있었다.

좋은 일이었다. 사람이 살아가면서 더러는 남에게 자랑도 하고 자축하는 술도 사고, 그래야 사는 맛이 나지 않으랴. 더구나 나이 팔순이 넘은 분이 그만한 체력과 경제적 뒷받침이 있으니 얼마나 다행한 일인가. 내가 알기로는 그가 젊은 시절에 지독한 가난으로 모진 고생 다 하면서 열심히 살아 오늘의 편안한 생활을 영위하고 있으니 더욱 그렇다. 축하한다는 말과 함께 꼭 가겠다고 약속했다.

합격이라는 말을 듣는 순간 갑자기 아련한 향수가 일었다. 나도 그 기쁨을 누리던 때가 있었다. 일생을 살면서 몇 번씩 크든 작든 합격의 즐거움을 경험한 사람들이 많을 것이다. 나에게 최초로 그 기쁨을 안겨준 것은 중학교 입학시험 합격이었다.

내가 다녔던 시골 초등학교는 전교생이 900여 명에 6학년은 두 개 반이었고 우리 반은 48명이 졸업했는데 중학교에 진학한 학생이 나를 포함해서 7명뿐이었다. 당시 농촌에서는 중학교에 진학한다는 것이 집안의 대사건이었다. 합격하기도 어렵고, 실력이 있다 해도 형편이 어려워 진학을 포기하는 경우가 많았다. 입학금을 내려면 논이나 소를 팔아야 했다. 그래서 학부모들 사이에서는“합격하면 좋고, 못 하면 더 좋고.”라는 말이 유행되던 때였다. 나는 고향에서 멀리 떨어진 광주시에서 전기前期 모집인 광주 서중학교에 입시원서를 냈다. 그때까지 기차 한번 타본 적이 없는 촌뜨기로서는 어느 학교가 좋은지 알 턱이 없었고 그저 남들이 좋은 학교라고 하니까 지원했을 뿐이다. 그런데 합격이 되었던 것이다. 나중에야 알게 된 사실이지만 서 중학교는 전국에서도 알아주는 명문으로 그 학교에 합격했다는 것은 엄청난 일이라고 했다.

많은 사람들로부터 축하의 박수를 받았고 거리에 나가면 어깨에 힘을 바짝 주고 다녔다. 지금 아이들에게는 무슨 말인지 알 수 없는, 옛날의 전설 같은 이야기다. 그때 나의 수험번호는 1,890번이었다.

또 한번은 참 시답잖은 합격으로 고향 사람들에게 화제의 대상이 된 적이 있었다. 대학 1학년 때였다. 그때는 고등고시(사법시험)를 보려면 대학 3학년을 이수하거나 소정의 자격시험에 합격해야 응시할 수 있었다. 5 · 16 직후에 '사법 및 행정요원 예비시험'이라는 것이 처음 실시되었는데 그게 고등고시에 응시할 수 있는 자격시험이었다. 나는 빨리 고등고시를 보려고 그 시험 제1회에 응시해서 합격을 했고, 내각사무처(후에 총무처)로부터 길이가 두어 자나 되는 큰 봉투에 합격증서가 고향 집으로 배달되었다. 그 사실이 와전되어 고등고시에 합격했다는 소문이 좍 퍼졌다. 만나는 사람마다 축하의 인사를 하고 떠받드는 바람에 해명하느라고 한동안 애를 먹었다. 아무튼 그 일로 집안에서는 내가 곧 판 · 검사가 될 것이라는 확신에 가까운 기대를 가지고 나를 우대했다. 그때 입영 통지서가 나오지 않았다면 고시에 합격해서 판 · 검사가 되었을까?

사람들은 누구나 일생 동안 끊임없이 합격, 불합격의 시험대 위에서 살아가고 있는 게 아닌가 싶다. 가정에서는 남편으로서, 아내로서 눈에 보이지 않은 점수가 매겨져 몇 점짜리 남편, 몇 점짜리 아내로 은연중에 평가되고 그에 상응하는 대우를 받고 살아간다. 직장에서는 더욱 냉혹하다. 아예 점수와 순위까지 매겨 인사관리를 하고 만약에 합격점에 들지 못하면 결국 도태되고 만다.

우리 사회가 평화롭고 살기 좋은 세상이 되려면 모두가 합격점 내에 드는 사람들로 들어차야 할 것이다. 그러나 현실은 낙제생들이 너무 많다. 공직자, 상인, 청소년 등 사회 각계각층 모두가 합격점 내에 드는 사람들로 가득 찬 사회가 되기를 바라는 것은 한갓 꿈일는지도 모르겠다.

두부 한 모

한파 특보가 내려졌다. 서울 기온이 -5℃라지만 바람이 세게 불어 체감 온도는 -10℃를 밑돌 것이라는 보도였다. 입동, 소설이 다 지났으니 추울 때가 되었다고는 해도 연일 포근하다가 갑자기 기온이 내려가 유난히 추운 것 같다. 거리를 지나는 사람들은 발걸음이 빨라지고 점퍼 후드가 머리를 덮었다. 땅위를 구르는 낙엽은 버스럭거리며 이리저리 몰려다니고 머리위에서 전선줄을 때리는 바람이 쇳소리를 낸다.

집으로 돌아가는 길이었다. 바지 주머니에 두 손을 넣고 한눈 팔 틈도 없이 발길을 재촉했다. 목은 자라목이 되고 몸은 고슴도치처럼 바짝 오그라들었다. 집에서 나올 때 옷을 좀 더 단단히 입지 않은 게 후회 되었다. 땅만 보고 부지런히 걷고 있는데 길가에서 물건 파는 여자의 부르는 소리가 들렸다.

"아버님, 두부 한 모 팔아주세요."

그러거나 말거나 나는 내 갈 길만 재촉했다. 지나다니면서 그 자리에서 종종 보던 여자였다. 아침에 나갈 때 보았는데 해가 설핏하기까지 그대로 있었다. 아직 마흔은 좀 못 되었을 여자가 길가에 좌판을 놓고 청국장, 콩나물, 두부, 청포묵 등 찬거리 몇 가지를 판다. 더러 두부나 콩나물을 사들고 들어가기도 했다. 하지만 그날은 너무도 추워 그런 걸 생각할 겨를이 없었다. 뒤에서 또 한 번 부르는 소리가 들렸지만 돌아보지도 않았다.

집에 들어와 추위를 녹이고 한숨 돌리자 비로소 두부 한 모 팔아달라고 사정하던 목소리가 다시 들렸다. 형편이 오죽했으면 이 추운 날 길거리에서 '아버님, 두부 한 모 팔아 주세요.' '어머님, 콩나물 한 봉지 들여가세요.' 하고 하루 종일 서 있으랴. 남편 없이 어린애들을 데리고 혼자 사는 여자일까? 월세방에 살면서 이달 방세를 아직 내지 못한 건 아닐까? 가지가지 생각이 꼬리를 물고 일어나 마음이 불편해졌다. 크게 잘못을 저지른 것 같았다. 꼭 무엇인가 해야 할 일을 하지 않은 것처럼 께름칙했다. 평소에 내 자신이 없는 사람 사정을 잘 이해한다고 자부하던 터라 더욱 그랬다. 나는 춥다는 생각만 하고 그냥 지나치고 말았지만 그녀로서는 아침에 가지고 나온 물건을 다 팔아야 오늘의 생계 문제가 해결되는 절박한 사정이 있는지도 모를 일 아닌가. 도저히 그냥 있을 수가 없었다. 벗어놓았던 옷을 다시 주섬주섬 걸치고 집을 나섰다. 집에 들어온 지 꽤 시간이 지났는데 그동안 여자가 물건을 챙겨 들어가 버리지나 않았는지 은근히 걱정이 되었다. 아파트 정문을 나서자 멀리 서있는 여자가 보였다. 다행이었다. 여자는 몸을 잔뜩 움츠리고 서서 두 손을 비비며 지나가는 사람들에게 두부, 콩나물 팔아달라는 말을 계속하고 있었다. 하지만 사람들은 총총히 발길을 옮길 뿐, 물건을 사는 모습은 눈에 띄지 않았다. 바람이 점점 세어져서 여자가 더욱 춥게 보였다. 입고 있는 겉옷도 빈약했다. 흔해빠진 오리털 점퍼도 입지 않았다.

두부 한 모와 콩나물 한 봉지를 4천 원에 샀다. 전에는 무심코 보았는데 처음으로 자세히 보니 여자가 무척 깨끗하고 선량하게 생긴 얼굴이었다. 가족이 몇이나 되느냐, 집은 있느냐는 등 물어보고 싶은 말이 많았지만 차마 묻지는 못했다. 두 가지를 사면 5백 원 깎아준다면서 내미는 동전을 받지 않고 그냥 돌아섰다.

"감사합니다, 고맙습니다, 맛있게 드세요."

뒤에서 얼어붙은 여자의 목소리가 따라왔다. 마음이 후련했다. 마치 중요한 일을 해내기라도 한 양 흐뭇했다. 추운 날씨가 별로 추운 것 같지도 않았다. 두부를 보자 생각이 나서 마트에 들러 막걸리도 한 병 샀다.

저녁 식탁에 콩나물국과 양념장을 친 생두부가 올라왔다. 우선 막걸리 한 사발을 찰찰 넘치게 따라 단숨에 주욱 들이켰다. 시원한 막걸리가 들어가자 목구멍이 얼얼하고 뱃속이 짜릿한 게 그렇게 기분이 좋을 수가 없었다. 유별나게 술맛이 당겼다. 아내가 말했다. 찬거리를 사러 갈래도 너무 추워서 못 갔는데 어떻게 알고 사 왔느냐고. 참 신통하다고. 아내의 칭찬하는 말이 전에 없이 기분 좋게 들렸다.

생두부와 콩나물국이 특별히 맛있는 저녁, 두부장수 여인 집에도 따뜻하고 평화로운 저녁식사 자리가 되기를 바라면서 막걸릿잔을 들었다.

고라니 좋은 일만 했다

산비탈 척박한 땅을 파서 일군 밭때기에 무와 배추를 심고 열심히 가꾸었다. 특히 무청이 섬유질과 미네랄이 많아 몸에 좋다는 보도를 TV에서 본 아내가 더욱 열성이었다. 무청은 엮어서 말리고 뿌리는 동치미를 담글 계획이었다. 눈 내리는 겨울밤, 뜨거운 고구마에 곁들여 새콤하고 시원한 동치미 국물을 훌훌 들이켰던 옛날의 추억에 젖기도 했다. 씨앗을 뿌리기 전에 땅을 파고 밑거름으로 퇴비를 넉넉하게 주었다. 땅을 파는데 아내와 둘이서 며칠 동안 손이 부르트도록 고생을 했다. 돌이 흙보다 많을 정도로 거친 땅이었다. 내가 곡괭이와 삽으로 파면 아내는 뒤에서 호미로 돌을 골라내느라 이른 봄 쌀쌀한 날씨인데도 옷이 후줄근하게 젖곤 했다. 대략 50평쯤 되니 무와 배추를 심어 잘 가꾸기만 하면 자식들과 이웃에게까지 나누어 줄 수도 있을 것이라는 당찬 포부도 가졌다. 우리가 애쓰는 걸 보고 지나가던 사람들이 한마디씩 했다.

"뭘 그리 힘들게 하세요? 그게 무슨 먹고 살 일이라고…."

"예, 처자식이 어디 한둘인가요? 다 먹여 살리려면, 허허허."

처자식이 한둘이 아니라면 처도 많단 말인가? 나는 농담으로 받아넘기며 헛웃음 치고 말았지만 사실 회의가 들지 않는 건 아니었다. 무청이 몸에 좋으면 얼마나 좋으랴, 설령 좋다 하더라도 김장철에 뿌리 굵고 이파리 싱싱한 무 몇 단만 사면 넉넉할 것을. 도대체 이게 무슨 고생이란 말인가. 하지만 우리는 밭일을 쉬지 않았다.

가을로 접어들어 무와 배추 씨를 뿌렸다. 날이 가물면 물을 주기도 하면서 정성을 다했다. 농약은 일체 안 쓰기로 하여 이른 아침 해 뜰 무렵이면 아내와 같이 가서 벌레를 잡아주었다.

정성을 다한 보람이 있어 김장 농사가 정말 잘되었다. 병치레 하나도 하지 않은 청청한 무 이파리가 지나는 사람들의 눈길을 끌었다. 뿌리도 벌써 상당히 자라서 살집 좋은 어린애 팔뚝만큼 굵어지고 윗부분이 연두색으로 탐스럽게 커나갔다. 배추 포기도 속이 차기 시작했다. 시간이 날 때마다 밭을 둘러보는 재미가 쏠쏠했다. 김장철이 오기만 기다렸다.

어느 날 아침, 아내와 둘이서 밭에를 갔다가 깜짝 놀랐다. 그 싱싱한 무 잎이 상당히 많이 뜯겨지고 뿌리만 남아 있는 게 아닌가! 배추는 멀쩡한데 무 잎만 싹둑싹둑 잘려 있었다.

유심히 살펴보니 틀림없는 고라니 짓이었다. 검은 콩 같은 고라니의 배설물이 눈에 띄었다. "망할 놈의 고라니, 못된 놈의 고라니." 하면서 아내가 무척 속상해 했다. 나 역시도 많이 아까운 생각이 들었다. 요놈의 고라니를 잡아버려야겠다고 큰소리쳤지만 실은 아내를 위로하기 위한 말일 뿐이었다. 설마 고라니가 먹은들 다 먹기야 할까. 조금 먹다 말겠지. 만약 멧돼지가 왔더라면 온 밭을 다 뒤져 무 배추 농사를 아예 망쳐 놓았겠지만 고라니는 무 이파리만 살살 뜯어먹었으니 얼마나 착한 녀석인가. 눈이 커서 겁이 많고 쫑긋한 두 귀로 바스락 소리만 나도 냅다 뛰어 달아나는 녀석이다. 뻐드름한 이빨로 무 잎을 오물오물 뜯어먹는 모습이 상상되어 슬며시 웃음이 나오기도 했다. 그러나 더 이상의 피해를 막기 위해 밭 가에 빙 둘러서 줄을 쳤다. 이만하면 제까짓 게 못 들어오겠지.

그러나 이튿날도 또 그 다음날도 마찬가지로 무 잎이 조금씩 사라져 갔다. 그 대신 여기저기에 고라니 배설물만 자꾸 늘어갔다. 밭 가로 울긋불긋한 줄을 더 치고 빈 깡통을 달아 바람이 불면 소리가 나도록 해봤지만 소용이 없었다. 그렇다고 꽤 넓은 면적을 높은 울타리로 둘러막거나 밤새워 지킬 수도 없는 노릇이었다.

며칠이 지나자 아직 다 자라지도 않은 무 잎은 밭에서 모두 없어지다시피 되고 말았다. 고라니 한두 마리의 짓이 아니었다. 잎이 없으니 뿌리도 더 이상 자랄 수가 없었다. 내 손으로 농사를 지어 몸에 좋다는 무청을 엮어 말리고 눈 내리는 겨울 밤에 새콤한 동치미 국물 맛을 즐겨보겠다는 달콤한 꿈이 멀어져간 것이다.

"산전 벌이해서 고라니 좋은 일만 했다."

어렸을 때 어른들로부터 자주 들으면서도 잘 알지 못했던 이 말의 뜻을 이제는 확실히 알게 되었다.

우리 부부는 아들 둘에 딸 하나를 두었다. 지금은 모두 결혼해서 따로따로 살고 있다. 공무원 박봉에 애들 셋을 다 가르쳐 결혼시키기까지는 정말 힘들게 살아온 젊은 날이었다. 특히 아내의 고생이 더 심했다. 경제적 어려움은 말할 것도 없고 한밤중에도 일어나 연탄을 가는 일이며 날마다 도시락을 몇 개씩 싸서 애들 학교 보내기란 결코 쉬운 일이 아니었다. 그야말로 산전山田을 일구어 농사짓기보다 더 힘드는 중노동이었다. 하지만 자식을 가르친다는 생각 하나로 그 어려움을 말없이 이겨냈다. 그리고 아내는 이제 나이 들어 여기저기 아픈 곳이 많아 편한 잠을 못 잔다. 요즘 초여름인데도 종종 춥다고 거실 문을 닫는다.

따로 사는 자식들이 자주 오지는 못할망정 더러 안부 전화라도 하면 좋으련만 그렇지가 않다. 딸이야 시집을 보내서 남의 집 사람이 되었으니 그렇다 치더라도 아들놈들이 서운하다는 것이다. 고생고생해서 키우고 가르쳐 놓은 아들 둘을 아예 빼앗겼다는 생각이 든다고 한다. 요즘 아내는 심한 박탈감에 빠져드는 눈치다. 그렇지만 그것도 모두 생각 나름이다. 제 처자식 사랑하면서 잘살고 있으면 그만이지 더 무얼 바란단 말인가. 그건 분명 과욕이다. 자식을 내 품안에서 떠나보내는 연습도 필요할 것 같다. 아내는 종종 진담 어린 농담을 중얼거린다.

"죽자고 산전 벌이해서 고라니 좋은 일만 했네."

며느리가 바로 고라니라는 것이다. 땀 흘려 가꾸어놓은 무잎을 다 뜯어먹은 고라니. 하지만 그렇다 한들 또 어찌하랴. 그 고라니도 다 소중한 내 가족인 것을.

지집 죽고 자식 죽고

요즘 들어 멧비둘기 소리가 더욱 애절하다. 날이 밝자마자 창밖 소나무에서 그 울음소리가 들리기 시작한다. 5월의 하늘이 비단결인 양 부드럽게 드리웠고 아침 공기는 환호성이라도 지르고 싶도록 싱그럽고 산뜻하다. 이 좋은 계절에 녀석은 어쩌자고 저리도 어두운 목소리로 하루를 맞이하는가. 봄이 되면 새들의 지저귐도 한결 경쾌하고 즐겁게 들리는데 저 멧비둘기 소리만은 변함없이 음울하기만 하다.

내가 여남은 살 때였으니 아주 오래전 일이다. 콩밭에서 풀을 매고 있던 할머니가 갑자기 호미를 든 채 먼 하늘을 바라보며 혼잣말로 중얼거렸다.

"참 험한 놈의 팔자도 다 있제, 어쩌면 지집(계집) 죽고 자식까지 죽었을꼬."

"할머니, 누가?"

"저 새 말이다."

그때 저쪽 밭둑 때죽나무에서 무슨 새인지 우는 소리가 들렸다. 귀를 기울여 들어봐도 나에게는 그저 '구구 구구~~구구 구구' 하는 소리뿐이었다. 그런데도 할머니는 그 새가 "지집 죽고 자식 죽고…." 하고 운다는 것이다. 그리고는 이야기 하나를 해주었다.

"옛날에 가난한 노총각이 머슴살이만 하다가 늦게야 장가를 갔더란다. 아들도 낳아서 좋아했는데 지집(계집)이 역병에 걸려 세상을 떠나고 아들까지 죽고 말았단다. 총각은 하도 원통해서 밤낮으로 울다가 죽어 새가 되어 저렇게 운단다."

그 말을 듣고 보니 정말 그렇게 들리는 것 같기도 했다. 그때는 할머니도 나도 새의 이름을 알지 못했다.

차츰 자라면서 그 새의 울음소리를 들으면 들을수록 할머니가 말한 대로 들렸다. 특히 늦은 봄 5월경이면 더 심하게 울어대는데 다른 새 소리와는 달리 유난히 어둡고 슬프게 들린다.

나이 들어 생각하니 그건 혹시 할머니가 자신의 험한 팔자 이야기를 그렇게 만들어낸 게 아닌가 싶기도 했다.

우리 할머니는 4남 1녀를 두고 마흔 안짝에 홀몸이 되어 아들 둘과 며느리 하나를 앞세운, 참으로 기박한 팔자였다. 내가 기억하는 우리 할머니는 완전히 흰 머리칼, 주름살투성이 얼굴, 이빨이 하나도 없는 입에 항시 담뱃대를 물고 계셨다. 간혹 가슴이 틀어 오른다면서 뜨거운 불독을 수건에 싸서 가슴에 얹어달라고 했다. 남편 잃고 아들 둘에 며느리까지 앞세웠으니 그 아픔이 오죽했으랴. 그런 화가 가슴에 뭉쳐있어 종종 견딜 수 없게 틀어 올랐을 것이다. 무심한 새 울음소리마저도 그저 슬프게만 들리고 팔자타령이 나올 법한 일이다. '지집 죽고'를 '남편 죽고'로만 바꾸면 딱 할머니의 팔자가 아닌가.

그 후로 고향을 떠나 도시생활을 하면서 돌아가신 할머니에 대한 기억은 차츰 희미해져 갔고 슬픈 사연을 간직했다는 새소리는 아예 잊고 살았다.

최근 이곳 산자락 동네로 이사 오면서 다시 그 새를 만나게 되었다. 아파트 창밖 소나무에서 매일 아침 구슬프게 울어댄다. 그 소리를 듣고 있자니 잊고 지내던 할머니에 대한 그리움과 함께 새의 이름이 궁금했다. 지금껏 이름을 모르고 있었던 것이다. 조류학계의 권위자인 윤무부 박사에게 전화를 걸었다. 나의 설명을 들은 박사는 서슴없이 그 새는 멧비둘기라고 했다. 전혀 특별하지도 않은 싱거운 이름이었다. 그리고 덧붙여 들려준 이야기는 놀랍게도 어렸을 때 할머니에게서 들었던 바로 그 내용인데 더욱 구체적이었다.

"지집 죽고 자식 죽고, 동지섣달 설한풍에 서답[1]빨래 어이 할꼬."

---

1) 서답 : 일부 지방에서 여자의 생리대(개짐)를 일컫던 방언인데 나중에는 젖은 빨래를 의미하는 말로 변함.

하고 운다는 것. 우리 할머니가 꾸며낸 이야기가 아니었다. 그러고 보면 녀석들이 인간과 특별한 인연이 있는 것 같기도 하다. 이름은 멧비둘기인데 산속보다는 인가 근처를 더 많이 맴돌며 구슬픈 목소리로 울어쌓는다.

새 울음소리에 담긴 이야기는 멧비둘기 외에도 더 있다. 의붓어미의 학대를 받다 죽어서 새가 되어 "쪽박 바꿔주우." 하고 운다는 두견이(접동새), 날이 저물면 소를 몰고 집으로 들어가며 "이랴! 쯔쯔쯔쯔." 하면서 혀 차는 소리를 낸다는 머슴새, 망국의 한을 품고 밤새워 피를 토하며 운다고 전해지는 소쩍새 등이 있다. 모두 가난하고 서럽고 안타까운 내용들이다. 아마도 옛날 억울한 일을 당한 사람이나 고달픈 삶을 살았던 서민들이 그런 식으로 자신의 처지를 나타냈을 것이다. 우리 할머니도 그런 삶을 살았었다.

지금도 창 밖에서 그 울음소리가 들려온다.

"지집 죽고 자식 죽고…."

손빨래하는 여자

날씨가 추워졌다. 베란다에 나서면 싸늘한 바람이 온몸을 엄습한다. 이럴 때면 한 편의 멜로드라마와도 같은 어느 여인의 삶이 기억의 밑바닥에서 되살아난다.

오래전 주상복합건물 다세대 주택에 살 때였다. 그 건물은 베란다에 나서면 옆집 베란다가 보이고 필요하면 서로 건너다닐 수도 있는 구조였다. 나는 담배를 피우러 베란다에 자주 나갔다. 그때 빨래하는 여인의 모습을 종종 볼 수 있었다. 시멘트 바닥에 빨래를 놓고 좍좍 좍좍–. 언제나 손빨래를 했다. 여자가 빨래하는 것이 조금도 이상할 게 없지만 그 여인은 좀 특이했다. 아무리 추운 겨울이라도 고무장갑을 끼지 않은 맨손이었다. 특히 추운 겨울, 밤 열두 시가 넘은 시각에 담배를 피우려고 나가면 열심히 빨래하는 그녀를 흔히 볼 수 있었다.

처음 몇 번은 그저 그러려니 했지만 날이 갈수록 궁금증이 더해갔다. 나이는 사십대 중반쯤 되었을까? 작은 키에 얼굴은 둥글고 머리는 짧게 잘라 젊어 보이는, 밝고 환한 인상이었다. 여자가 혼자 살고 있는지 그 집에 다른 사람이 드나드는 건 볼 수 없었다.

그녀와 아내가 말을 트고 서로의 집을 오가며 사귀게 된 것은 이웃이 되고부터도 한참 후의 일이었다. 시골에서 보내온 고구마 한 바가지를 빨래하는 그녀에게 넘겨주면서부터였다. 아내가 그 집에 마실 다닌 지 서너 달쯤 되던 어느 날 저녁, 소설 같은 이야기를 듣고 와서 풀어놓았다.

그녀는 남쪽 작은 갯마을에서 태어났다. 네 살 때 아버지가 바다에 나갔다 영영 돌아오지 못했고, 가난을 못 견뎌 하던 어머니마저 가출해버리자 할머니 손에서 자랐다. 할머니는 늙고 성하지도 못한 몸으로 온 동네 궂은일을 도맡아 해주고 먹을 것을 얻어와 그녀를 먹여 살렸다. 그러면서도 기어코 학교에는 보냈다. 초등학교를 졸업하던 해, 늘 앓던 할머니가 세상을 떠났다. 혈혈단신이 된 것이다. 이제는 혼자 힘으로 살아야 했다. 이집 저집을 돌아다니며 허드렛일을 해주거나 어린애를 봐주고 얻어먹었다. 그러던 중, 열아홉 살이 되었을 때 행운이 비쳤다. 아는 사람의 도움으로 광주 방직공장에 취직이 된 것이다. 기숙사에서 먹고 자고 월급을 받아 저축도 할 수 있었다. 10년 세월이 흐른 후, 나이 서른이 되던 해에 중매 반 연애

반으로 만난 남자와 결혼을 했다. 신혼생활은 행복했다. 시댁이 가난하고 남편은 어엿한 직장도 없었지만 착실하고 마음씨 고와서 아내를 끔찍이 아껴줬다. 아들도 태어났다. 공장에 다닐 때 모아뒀던 돈으로 가전제품이며 가구도 하나 둘 장만해가면서 재미나게 살았다. 남편은 친구와 함께 트럭을 타고 다니면서 채소나 고구마, 감자 같은 농산물을 싸게 떼어다가 구멍가게에 넘기는 장사를 했다. 애는 더 낳지 않고 아들 하나만을 잘 기르기로 했다.

마흔세 살이 되던 해, 그녀에게 하늘이 무너지는 일이 일어났다. 물건을 하러 나간 남편이 교통사고로 그녀의 곁을 떠나버린 것이다. 아들이 중학교에 들어간 지 얼마 되지 않은 때였다. 수일 동안 침식을 전폐하고 실의에 빠져 있었다. 그러다가 정신을 바짝 차렸다. 살아야 했다. 아들이 있었다. 그래, 내 아들을 내 손으로 키워야 한다. 이를 악물고 일어나 요구르트 장사를 시작했다. 고생으로 다져진 그녀에게 힘든 것도 무서운 것도 없었다. 아들 하나 자라는 걸 보면서 온갖 아픔도 잊을 수 있었다. 아들만 잘 가르쳐 출세하게 되면 자신의 불행했던 과거도 남편을 잃은 슬픔도 다 보상 받을 수 있으리라 생각했다.

아들이 고교 1학년 여름 방학 때였다. 친구들과 함께 영산강변으로 캠핑을 간다고 하더니 돌아온다던 날짜에 아들은 오지 않고 또 한 번 하늘이 무너지는 소식이 왔다. 같이 갔던 애들의 말에 의하면 헤엄쳐서 강을 건너기로 했는데 한참 가다 돌아보니 그녀의 아들이 보이지 않았다는 것이다. 시가 식구와 친척들을 동원해서 사흘 밤낮 물속을 뒤졌지만 끝내 시신을 찾지 못했다. 그녀는 다시 혈혈단신이 되었다. 하지만 도저히 아들의 죽음을 받아들일 수가 없었다. 어느 날 갑자기 불쑥 나타나 "엄마!" 하고 부르며 들어올 것만 같았다. 몇 년 동안 대문을 잠그지 않고 살았다.

그녀가 손빨래를 하는 것은 빨랫감을 빠는 것이 아니라 자기 자신을 빨아내고 있는 것이다. 기억하고 싶지 않은 과거를 씻고 또 씻고. 자신이 당한 일들이 언뜻언뜻 떠오를 때면 속에서 불덩어리가 솟아오른다고 한다. 그럴 때는 밤이건 낮이건, 시간이 몇 시이건 개의치 않고 빨래를 한다는 것이다. 아무리 추운 겨울이라도 장갑도 끼지 않은 맨손으로 좍좍 좍좍-.

불행한 일도 처음 당했을 때는 당황하고 겁이 났지만 너무도 엄청난 사건이 연속되다 보니 오히려 침착할 수 있었다. 아예 오기가 생겼다. 그래, 올 테면 와봐라, 또 나에게서 무엇을 더 빼앗아 가는지 보자. 나는 원래 혼자였다. 그러면서 이를 악물었다. 독한 마음으로 살았다. 모든 것이 자기의 타고난 팔자려니 생각했다. 그러나 뼛속까지 스며있는 몸서리치도록 아픈 과거를 아주 떨쳐버릴 수는 없었다. 그래서 빨래를 한다는 것이다.

그녀는 올겨울에도 밤마다 맨손으로 차디찬 물에 빨래를 할 것이다.

떠난 사람, 남은 사람

사촌형님이 별세하여 전날 밤을 병원 영안실에서 새우고 새벽에 발인제를 지낸 후 화장장으로 갔다.

주룩주룩 비가 내리고 있었다. 4월 하순이면 봄도 저물어가는 때인데 날씨는 아직도 춥고 봄 같지가 않아 을씨년스러웠다. 저쪽 담 밑에는 늦게 핀 백목련이 떨어져 추한 모습으로 빗속에 뒹굴고 있었다. 검은 옷으로 온몸을 감싼 젊은 여인이 얼굴에 하얀 손수건을 대고 관을 따라가며 서럽게 흐느끼는 모습이 보였다. 관 앞에는 이제 겨우 여남은 살이나 되었음 직한 소년이 망인의 영정을 가슴에 안고 천천히 걸어가고, 운구하는 사람들은 무표정한 얼굴로 한발 한발 옮겨놓고 있었다. 쌀쌀한 날씨에 비까지 내려 화장장의 분위기는 더한층 음울했다.

매장하는 장례에는 몇 번 참석해 봤지만 화장하는 곳은 처음이었다. '진혼의 집'이란 이름이 붙은 전광판에 1차로 화장될 열두 명의 이름이 계속해서 비추어지고, 버스가 도착할 때마다 적재함에서 관을 내려 화장장으로 옮겨가고 또 다음 버스가 들어오고…. 모든 것은 정해진 절차에 따라 기계적으로 착착 진행되어 갔다. 한 사람의 육신이 불속으로 들어가 한 줌의 재로 변하는 90분 정도의 시간이 아무렇지도 않게 흘러가고 있었다.

관을 운반하는 장소에서 몇 개의 계단을 내려가면 유리창 하나를 사이에 두고 거기는 식당이었다. 100여 개 정도의 좌석은 거의 빈틈없이 들어차 끼리끼리 모여 앉은 사람들은 육개장이나 설렁탕을 먹고 있었다. 병원 영안실에서 밤을 새우며 과음으로 속이 쓰린데다 비가 내리고 날씨가 쌀쌀하니 모두들 뜨거운 국물을 탐하고 있는 것 같았다. 유리창 한 겹을 사이에 두고 밖에서는 세상 떠난 사람들이 화장장으로 연방 운구되어 가고, 안에서는 산 사람들이 부산하게 식사를 하고 있는 것이다. 더러는 식사도 하지 않고 넋을 놓고 앉아있는 사람도 있었다. 떠들고 이야기하는 사람도 없지만 특별히 슬퍼하는 사람도 없었다. 어쩌다가 젊은 여인이 어깨를 들먹이며 흐느끼는 모습이 보이고 나이 많은 여자의 넋두리가 들릴 뿐이었다.

망자가 불속에서 재로 변하는 동안 가족과 친지들은 2층에 마련된 '관망하는 곳'이란 간판이 붙은 방에서 창문을 통하여 관이 들어간 곳을 보고 있거나 대기실에서 기다렸다. 대기실에 모인 사람들은 한결같이 말이 없고 분위기는 무거웠다. 모두들 망자의 살았을 때 모습을 추억하고 있을 것이다. 지금 재가 되어가고 있는 사람들은 살아생전 어떤 사람들이었을까. 수.부.귀壽富貴를 다 누리고 자손도 번창하여 다복했던 사람도, 젊은 아내와 어린 자식을 두고 차마 눈을 감지 못하고 가는 안타까운 사연도 구별 없이 모두 불에 타고 있는 것이다. 모인 사람들은 모두들 언젠가는 자기도 저렇게 불속에 들어가는 처지가 될 것이라 생각하는지 숙연해져 말이 없었다.

사촌간이긴 하지만 형님과 나는 한집에서 자랐다. 백부님의 외아들인 형님은 일찍 부모를 여의고 작은아버지 집인 우리 집에서 살게 되었던 것이다. 네 살 터울인 우리는 늘 같이 놀고 같이 먹고 때로는 다투기도 하면서 살았다. 형님이 결혼해서 분가할 때까지 한집에 살아온 우리는 친형제나 다름없었다. 그러나 어찌 내 집같이 마음이 편했으랴. 작은아버지 집에 얹혀산다는 생각에 기죽어 있었을 것이다. 언제나 말이 없이 침울해 있었던 것도 그런 생각 때문이 아니었을까 싶다. 궂은일에는 늘 앞장섰고 나에게는 무엇이든 한발 양보했던 기억들이 새삼 아프게 되살아났다.

내가 도시로 나가 학교를 다니면서부터 형님은 더욱 말수가 적어졌다. 어쩌다 내가 집에 가도 별로 반가워하는 기색도 없고 오히려 나를 피하는 것 같기도 했다. 그때는 그저 그런가 보다 하고 예사로 여겼지만 지금 생각하니 가슴이 아린다. 산뜻한 교복에 까만 운동화를 신은 나의 모습이 얼마나 부러웠으랴. 그런 형님을 살아있을 때 좀 더 챙겨서 배려해주지 못한 내 자신이 한없이 부끄럽다.

시간이 얼마나 흘렀을까. 대기실 벽에 설치된 전광판에 '○○수골'이라는 형님의 이름이 떴다. 우리 일행은 밖으로 나왔고 잠시 후 조카가 축구공만 한 단지 하나를 안고 나왔다. 그 단지 안에 형님이 들어 있는 것이다. 사람이 죽으면 혼魂은 공중으로 떠서 하늘로 올라가고 백魄은 육신의 형태로 땅으로 돌아간다는데 불 속에 들어가 한 줌의 재로 변한 형님의 혼은 어찌 되었을까….

장지인 고향 선산으로 가는 버스 안에서는 모두들 잠에 빠졌다. 유골을 안고 있는 조카도 꾸벅꾸벅 졸고 있었다. 며칠 동안 쌓인 피로가 모두를 잠 속으로 몰아간 것이다. 살아있는 사람은 먹어야 하고 잠을 자야 한다. 깨어있는 사람은 오직 운전기사 한 사람뿐인 듯했다.

장지에는 고향에 사는 친척과 지인 몇 사람이 미리 나와 있었다. 좀 더 잘살아 보겠다고 고향을 떠난 사람이 40여 년 지난 후에 한줌 재로 되어 돌아오니 모두들 우울한 기색으로 고인의 생전 이야기를 하였다. 그러나 그것도 잠시, 오랜만에 만난 사람들끼리 근황을 묻고 안부를 전하느라 고인에 대한 이야기는 묻혀버렸다.

산신제를 지낸 후 봉분은 만들지 않고 평장平葬을 해서 떼를 입히고 이름을 새긴 깔방석만 한 인조 대리석을 세우니 장사葬事는 다 끝났다. 봉분은 없어도 봉분제는 지냈다. 장사 지내는 일은 많이 간소화 되었지만 절차는 옛날식 그대로였다.

한쪽에서는 벌써 몇 사람이 모여앉아 술잔을 돌리며 그간의 이야기들을 나누고 있다. 낮술로 얼굴이 불콰해진 노인 한 분은 알아들을 수도 없는 목소리로 중언부언하고 있다. 조금 전까지 애틋해하던 고인에 대한 생각은 어느새 잊어버리고 세상 살아가는 이야기며 자식들에 대한 소식을 서로 전하느라 왁자지껄하다.

얼마 후, 모였던 사람들은 잘 가라는 인사를 주고받으며 각자가 타고 갈 차를 향해 흩어져가고 주위는 조용해졌다.

저승길은 그저 죽은 사람이 갈 곳이요. 그의 몫이었다. 산 사람은 다시 생활로 돌아가 먹고 자고 경쟁하며 살아갈 것이다. 발길을 돌리는데 뒤에서 형님의 목소리가 들리는 듯했다.

"동생, 가려고?"

몇 번이나 뒤를 돌아다 봤다.

놀부의 후예

100×17,505=1,750,500

500×5,299=2,649,500

초등학생 곱셈 문제가 아니다.

최근에 전해진 소식에 의하면 경남 창녕에서 어느 건축업자가 외국인 노동자에게 밀린 임금을 위의 숫자와 같이 지급했다고 한다. 우즈베크스탄 출신 노동자 4명을 고용하고 임금을 제때 주지 않자 노동자들이 항의를 했다. 이에 성질이 난 그 건축업자는 밀린 임금 440만 원을 모두 동전으로 바꾸어 100원 짜리 17,505개(1,750,500원), 500원 짜리 5,299개(2,649,500원)를 주었다는 것이다. 그것도 그냥 준 것이 아니라 100원 짜리와 500원 짜리 동전을 사무실 바닥에 쏟아 부어 뒤섞어놓고는 "가져가!" 했다는 것.

이 외국인 노동자들, 속이야 동짓날 가마솥에 팥죽 끓듯 했겠지만 말도 잘 통하지 않는 머나먼 이국 땅에서 무슨 수가 있으랴. 그렇게라도 돈을 받게 된 걸 다행으로 여기고 넷이서 둘러메고 숙소로 가져와 힘들게 분류작업을 했다. 그리고는 인근 상점 주인에게 손짓발짓 해가며 지폐로 바꾸어달라고 도움을 요청했다.

그 상점 주인이 적극 협조해 주었다. 하지만 은행, 농협 등 몇 군데를 찾아가도 동전이 너무 많다고 바꾸어주지 않았다. 겨우 한국은행 경남 본부에 가서야 5만 원짜리로 바꿀 수 있었다. 한은 직원 4명이 40여 분 동안 작업을 했다고 한다. 그리고 한은에서는 물티슈, 수건, 치약, 칫솔 등을 그 외국인 노동자들에게 나누어주면서 위로했다.

인간을 망각의 동물이라고 한다면 틀린 말이 될는지 모르겠다. 내가 전문적으로 연구해본 적이 없어 자신 있게 말할 수는 없지만 참으로 잊기를 잘한다. 우선 나 자신 역시도 그렇다.

우리 민족이 가난으로 인해서 겪었던 설움은 새삼스럽게 들출 필요도 없다. 서적, 노래, 언어 등 어디에도 가난의 설움이 배어있지 않은 곳이 없다. 먼 옛날은 그만두고 1960년대에만 해도 많은 우리 형제자매들이 돈을 벌기 위해서 이역만리 타국으로 떠났다. 돈이 된다면 못할 짓이 없던 그 시절, 서독에 광부로, 또 간호사로 많은 사람들이 가서 돈을 벌어왔다. 그들이 머나 먼 타국에 가서 편안히 매화타령이나 하면서 돈을 벌었을

리가 없다. 눈물겨운 사연도 많았을 것이다.

이제 조금 먹고살 만하니까 벌써 다 잊어버린 것일까. 언어도 통하지 않은 외국 노동자들이 우리나라에 와서 고생하는 게 결코 남의 일만은 아니다. 바로 지난날 우리의 모습이다. 또한 지금이라고 해서 국민 모두가 잘사는 것도 아니다. 30억 현금을 비밀금고 속에 감추어두고 사는 사람이야 하늘이 특별한 복을 주어서 누리는 특권이지 아무나 할 수 있는 일인가.

배고픈 사람 밥 먹여주고 떠도는 나그네 노잣돈 주어서 보내던 풍속이 우리의 정서다. 결코 간교하고 악독한 민족이 아니다.

인간은 천사도 악마도 아니고 그 중간이라고 말하기도 한다. 이 말은 바로 어느 쪽으로든 변할 수 있다는 의미도 된다. 또 마음속에 천사와 악마의 기질을 같이 가지고 있어 서로 충돌하다가 이기는 쪽이 밖으로 나타난다는 이론도 있다. 어느 이론을 택하든 이 세상에는 악마도 있지만 천사도 반드시 있게 마련이다. 서두의 이야기에서 몰인정한 건축업자가 있었지만 외국인 노동자의 딱한 사정을 보고 적극 도와준 훈훈한 인정도 있었다.

이 세상은 당연히 선과 악이 공존하는 것이 아닐까 싶다. 최후에는 선이 승리하고 악이 망한다는 이론이 진리라면 인류 역사에서 악은 이미 다 사라지고 자취도 없어야 할 것이다. 그런데도 악이 계속 횡행하고 있다. 그리고 세상에 악이 전혀 없다면 특별히 선이라고 부를 것도 없지 않을까?

악은 영원히 존재할 것이지만 그렇다고 해서 악만 있는 세상도 되지 않을 것이다.

천사니 악마니 하는 거창한 이론을 들먹일 필요도 없다. 우리 인간은 누구나 마음속에 원초적으로 '양심'이라는 제어장치를 가지고 있다. 앞에서 말한 그 건축업자도 양심은 있었지만 그 제어장치를 사용하지 않아서 놀부의 심통을 부렸고 그러면서도 결코 마음이 편치는 않았을 것이 분명하다. 크게 후회했는지도 모른다.

호사가들의 말이겠지만 요즘의 놀부는 환골탈태換骨奪胎해서 매우 선량한 사람이 되어 있다고 한다. 충분히 그럴 수 있고 또 그렇게 되어야 한다.

그래서 세상은 역시 살 만한 곳이 아니냐.

막걸리 한잔하고 가시오

산 위에서 내려다본 가을 들판은 참 아름답다. 벼가 잘 익어 마치 노랑물감을 확 쏟아부어놓은 듯한 그 색깔, 가을 들판을 가리켜 '황금빛 들녘'이라고 하지만 그 말만 가지고는 충분하지 못할 것 같다. 금가루를 뿌린들 그리 고운 빛을 낼 수 있을까? 하기야 풍년 든 들판의 아름다움이 단지 그 색깔이 고운 때문만은 아닐 것이다.

시절이 좋아 풍년이 들수록 가을 들판의 빛은 더 곱고, 흉년이 들면 우중충하면서 검은 빛을 띤다. 올해는 노랗고 선명한 걸 보니 풍년이 틀림없다. 여기저기서 추수하는 사람들과 허수아비가 있는 들녘이 더없이 평화롭다.

등산도 하고 카메라에 가을을 담아보려고 산에 올랐는데 내려다보이는 들녘의 모습이 어느 풍경보다 훨씬 더 가을다웠다.

산에는 옻나무, 뽕나무, 도토리나무 등 갖가지 나무들이 빨강, 노랑, 갈색으로 물들어 아름다운 가을 풍경을 이루고 있었지만 벼가 잘 익은 들판보다 더 아름답지는 못했다. 가을 들판을 처음 본 것도 아닌데 오랜만에 본 때문인지 유난히도 감동이 크게 전해왔다.

사진 몇 장만 담아오려고 가까운 산에 올랐는데 가을 정취에 빠져 시간 가는 줄 모르고 있다 보니 배도 고프고 목도 말랐다. 집으로 가려고 산을 내려와 논둑길을 걷고 있는데 부르는 소리가 들렸다.

"막걸리 한잔하고 가시오."

돌아다보니 벼를 베다가 쉬면서 새참을 먹고 있던 사람이 손짓을 했다. 그렇잖아도 속이 출출하고 목도 마른데 잘되었다 싶어 가까이 가보니 칠순이 넘어 보이는 나이 많은 부부였다.

"아니, 연세도 많으신데 벼를 낫으로 베세요?"

"허허, 이렇게 삽니다. 이 몸이 늙은 농부요."

자칭 늙은 농부라고 말하는 영감님이 놋대접이 철철 넘치게 막걸리를 따라 내게 넘겨줬다.

"자, 막걸리 한잔하고 인생길 쉬엄쉬엄 가요. 서두를 것 뭐 있소?"

머리에 흰 수건을 두른 할머니는 삶은 고구마를 먹으면서 김치 그릇과 젓가락을 내 앞으로 밀어놓고 웃었다. 목마르고 출출하던 참이라 막걸리 한 대접을 단숨에 비워버렸다.

"허허. 그 양반 술 한번 맛나게 자시네."

또 한 대접을 따라놓았다. 두 노인이 다 혈색도 좋고 건강하게 보여 늙은 몸으로 힘들게 일하는 고달픈 기색이 없고, 영감님의 말하는 품으로 보아 학식도 꽤 들어 보였다.

내가 열무김치 안주에 막걸리 두 대접을 마시는 동안 자칭 '늙은 농부'는 집안 이야기를 풀어놓았다.

자기 집안은 청주 한韓씨 토반으로 여러 대를 선산 밑에서 고향을 지키면서 살아왔고, 조부 때만 해도 상머슴, 중머슴, 꼴머슴까지 서넛을 두고 떵떵거리며 지냈다고 한다. 목사牧使며 참봉參奉 등 벼슬도 많이 나온 집안이라고 자랑스럽게 말할 때는 늙은 농부의 눈에 반짝 광채가 나는 듯했다. 자기는 자식 6남매를 두었는데 모두 결혼해서 도회로 나가고 고향에는 자기들 늙은 부부만 살고 있다는 것이다. 가세가 많이 기울어 지금은 논밭 합해서 삼십여 마지기 남았지만 그나마 늙은 몸으로 농사를 다 지을 수도 없어 마지기당 쌀가마니씩이나 받기로 해서 남에게 내어주고 소일거리로 서너 마지기를 짓고 있는데 원래 안 해본 일이라 서툴다고 하면서 허허 웃었다. 농약도 안 쓴 무공해 쌀을 자식들에게 먹이는 재미가 크지만 이제는 기력이 많이 달려 농사일도 접어야겠다는 것이다. 자식들 형편이 모두 먹을 만큼 살아서 다달이 용돈을 보내주기 때문에 귀한 것이 없다고도 했다.

막걸리 두 대접에 얼근히 술기가 올라오는데 늙은 부부의 넉넉한 이야기를 듣고 있자니 내 마음이 절로 흥겨워졌다. 그들은 벼 베는 일을 아주 잊어버린 듯 이야기를 그치지 않았다. 계속 듣고 있으면 한이 없을 것 같아 술 잘 먹었다고, 오래오래 건강하시라고 공손히 인사하고 일어섰다.

가을 짧은 해가 얼마 남지 않았는데 그들은 조금도 일을 서두르지 않고 내가 이야기를 더 들어줬으면 하는 눈치였다.

"막걸리 한잔하고 인생길 쉬엄쉬엄…."

논둑길을 걸어오는데 영감님이 무심코 던진 이 한마디가 자꾸만 머릿속에 맴돌았다.

촉새

촉새가 또 일을 냈다. 오늘 낮, 탁구장에서였다. 생전 처음 만난 사람을 붙들고 사적인 문제를 꼬치꼬치 캐묻고 여자의 가장 아픈 곳을 건드려 사단이 난 것이다. 하기야 그녀가 말썽을 부려 문제를 일으킨 것이 한두 번도 아니고 흔히 있는 일이니 그저 그러려니 하면 그만이었다. 그래도 그렇지, 탁구장도 엄연히 영업하는 곳인데 그럴 수 있느냐. 해도 너무했다고 말들이 많았다. 하루가 멀다 하고 아무 일에나 끼어들어 간섭을 하고 시끄럽게 만드니 모두들 그녀를 촉새라고 부르는 것이다. 촉새를 사전에서 찾아보면 참샛과의 새라는 뜻 외에도 언행이 가볍거나 방정맞은 사람을 비유하는 말이라고 되어 있다. 그녀에게 딱 어울리는 별명이다.

여자 셋이 탁구장으로 들어왔다. 카운터에서 관장과 이야기를 나눈 후 막 돈을 내고 등록을 하려는데 저쪽에서 탁구를 치고 있던 촉새가 쪼르르 달려왔다. 서로 인사를 건네고 나서 새 식구가 늘어 좋다느니, 오늘 환영파티 해야겠다느니, 어디에 사느냐, 탁구를 많이 쳐 봤느냐는 등 한참이나 수다를 떨다가 셋 중 가장 나이 들어 보이는 여자에게 몇 살이냐고 물었다.

"해놓은 것도 없이 나이만 들었네요. 예순도 넘었어요."

여자가 계면쩍은 듯이 대답했다.

"예순이요? 에이, 일흔도 넘어 보이는데."

이 말이 화근이었다. 여자가 얼굴색이 확 변하면서 촉새를 위아래로 훑어보더니 자기 일행에게 소리쳤다.

"얘들아, 가자! 같이 놀 인간이 못 된다."

세 여자가 휭 나가버렸다. 순간, 관장의 얼굴이 떫은 감 씹은 것처럼 일그러졌다. 가뜩이나 요즘 손님이 없어 고전하는 판에 들어온 손님 셋을 쫓아버렸으니 속이 상할 수밖에. 대책 없는 사람이었다. 자기도 여자면서 빈말이라도 나이를 줄여서 봐주지는 못할망정 10년이나 올려놓았으니 어느 여자인들 성깔을 부리지 않을까. 그녀는 종종 이렇게 경솔한 언행으로 문제를 일으키곤 했다. 오십대 중반쯤의 나이로 150㎝나 될까 말까 한 작은 키에 깡마른 체격이다. 여학교 때 탁구부장을 했고 전교 대표선수로 뛰었다고 입버릇처럼 말하지만 그 말을 액면 그대로 믿는 사람은 없다. 그만큼 그녀의 탁구 실력이 신통찮은 것이다. 그녀가 움직이는 걸 보면 자기의 입만큼이나 가볍다. 바람 불면 날아갈 것 같은 몸으로 촐랑촐랑 걸어갈 때는 노랗게 염색한 머리 밑에서 하트형 귀고리가 달랑달랑 흔들거린다. 얼굴은 손바닥만 한데 눈은 얼굴에 어울리지 않게 왕방울이다. 흰 운동화에 검은 색 반바지와 분홍색 티셔츠를 즐겨 입는다. 입을 다물고 있는 시간이 별로 없는데다 목소리가 커서 그녀가 가는 곳은 언제나 시끄럽다.

그녀가 탁구장에 나오면서부터 하루도 조용한 날이 없다. 여기저기 빠짐없이 참견하고 탁구를 치면서 옆 탁구대에서 치는 사람에게까지 간섭을 한다. 복식을 칠 때는 더욱 더 시끄럽다. 회전이 걸린 공은 스매싱하지 말고 드라이브로 받아라, 상대가 커트를 하면 같이 커트를 해줘라 하고 자기 짝을 코치하는가 하면 상대 팀에 대해서도 계속해서 시비를 건다. 공을 공중으로 띄웠다가 서브를 넣어야지 왜 주먹 서브를 넣느냐, 발을 구르면서 서브를 넣는 것은 반칙이라는 등 끊임없이 잔소리를 한다. 그러다가 언젠가 한번은 '안다니' 별명을 가진 남자와 대판으로 붙은 적도 있다. 자칫 큰 싸움이 벌어지려는 걸 가까스로 뜯어말렸다. '안다니'라는 말은 무엇이나 아는 체하기를 잘하는 사람을 가리키는 전라도 방언이다.

그녀가 참견하기를 좋아한다고 해서 꼭 남을 성가시게 하는 것만은 아니다. 어느 날 나이 많은 회원이 탁구를 치다가 고혈압으로 쓰러진 적이 있었다. 그때 그녀는 누구보다 먼저 나서서 구급차를 부르고 병원에 같이 가서 모든 수발을 다 해주면서 가족이 올 때까지 곁에서 보호자 노릇을 한 적도 있다. 또한 탁구장 바닥에 쓰레기가 떨어져 있으면 보는 즉시 줍는 등 부지런스럽기도 하다.

촉새가 한 달 전부터 탁구장에 나오지 않고 있다. 모두들 궁금해 하고 무슨 일이 있느냐고 묻곤 한다. 안다니와 다툰 일 때문인가 했지만 그게 아니라고 했다. 들리는 말에 의하면 주민자치센터에 스포츠 댄스를 배우러 다닌다는 소문이다. 하기야 그녀에게는 스포츠 댄스가 탁구보다 더 어울리는 일인지도 모른다. 그 가벼운 몸으로 팔랑팔랑 스텝을 밟고 돌아가면 마치 한 마리의 나비가 나는 것처럼 보기 좋을 게 틀림없다. 탁구장이 조용해진 대신에 주민자치센터가 시끄러울 것이다.

촉새 없는 탁구장은 썰렁하고 적적한 느낌을 준다. 시끌벅적하게 떠들고 웃는 재미가 없다. 그녀가 수선스럽게 설치고 여기저기 쫓아다니며 참견하던 때가 좋았다는 생각이 든다.

4부

5월이 오면

올해도 싱그러운 계절 5월은 어김없이 찾아왔다. 모두들 산으로 들로 내달리면서 풋풋한 향기에 환호성을 지른다. 하지만 이때만 되면 나는 누를 길 없는 무거운 슬픔 덩어리 하나가 가슴속에서 꿈틀거려 견디기 어렵다.

대학에 들어가서 처음으로 사귄 친구가 같은 과에 다니는 Y였다. 그때 그는 2학년이었지만 나이는 나와 동갑으로 훤칠하게 큰 키에 과묵한 성격이었다. 미소 짓는 얼굴 표정이 무척이나 순박해서 단번에 정이 가는 친구였다. 그 역시 나처럼 시골 출신으로 일찍 아버지를 여의었고 나는 어려서 어머니를 잃은 공통점이 있었다. 우리는 어쩌다가 돈이 조금 있으면 왕대폿집에 갔다. 그럴 때는 홍어회 한 접시에 막걸리 한 주전자를 앞에 놓고 두서없는 이야기를 한없이 떠들어대곤 했다. 그때 무슨 말을 했는지 지금은 다 잊었지만 주로 세상 돌아가는 이야기와 앞으로의 진로 문제가 아니었나 싶다. 당시 그와 나는 막걸릿집에 갈 수 있는 돈도 없는 때가 많았다. 하지만 우리는 다 같이 고등고시의 꿈을 가지고 있었다.

시골 그의 고향에 가기도 했다. 그의 고향은 전라도 남쪽 한 바닷가 작은 마을이었다. 내가 갔을 때 동네 앞 보리밭에는 누렇게 익은 보리가 5월의 훈풍에 물결치고 있었다. 그의 집에는 칠십이 넘은 그의 어머니가 혼자 살고 계셨다. 후덕하고 조신操身하게 보이는 어머니는 나를 무척이나 반겨 주셨다. 우리는 그의 어머니가 저녁 준비하는 걸 보면서 동네 주막으로 갔다. 주막이라고 해야 일반 여염집이나 다를 게 없었고 손님도 우리 둘뿐이었다. 그 주막 툇마루 기둥에 입이 크고 험상궂게 생긴 생선 한 마리가 걸려 있어 물어보니 순박하게 생긴 처녀가 "악구라요." 하고 무뚝뚝하고 붙임성 없이 대답했다. 알고 보니 아귀였는데 나는 그때 아귀라는 생선을 처음 알았다. 당시만 해도 지금처럼 '아귀찜'이니 '아귀매운탕'이니 하는 음식이 흔하지 않은 때였다. 우리는 그 아귀매운탕을 안주로 해서 막걸리를 마시기 시작했다. 둘이 얼마나 마셔댔는지 눈을 떴을 때는 어스름 새벽이었고 주막집 방이었다. 나중에 들으니 그의 어머니가 두 번이나 다녀갔다는 것이다.

Y는 말단 공무원인 그의 형님 집에서 학교를 다니고 있었는데 그 형님의 사는 형편이 넉넉지 못했다. 상하방 전세에 아이

들이 셋이나 되었다. 그 틈새에 얹혀 있자니 늘 미안하고 거북스러워했다. 하지만 시골에서 혼자 사는 어머니에게는 어떤 도움도 바랄 수가 없었다. 나의 경우도 Y보다 나을 게 없었다. 나는 입주제 가정교사를 하면서 학교에 다니고 있었던 것이다. 이런 여건이 우리 두 사람의 정을 더욱 두텁게 했다. 동병상련同病相憐의 심정이었을 것이다.

대학 졸업 후 Y와 나는 다 같이 공무원이 되어 나는 서울에서, 그는 목포에서 근무하고 있었다. 결혼도 같은 해에 했고 그는 딸을, 나는 아들 하나를 두고 있었다. 거리가 멀어 자주 만나지는 못했지만 전화 연락은 수시로 하고 지냈다. 그와 내가 다 고등고시의 꿈은 이루지 못했어도 경제적으로 자립해서 가정을 이루고 있어 한결 여유로웠다.

어느 해였던가. 여름휴가 날짜를 서로 맞추어 우리 두 가족이 완도 명사십리 해수욕장에 가서 며칠간 놀다 오자는 약속도 해놓고 있던 터였다.

그가 또 전화를 했다. 자기 딸과 우리 아들이 동갑이니 사돈을 삼자는 것이다. 나는 그냥 웃고 말았는데 그게 내가 들은 그의 마지막 목소리였다. 그 후 얼마 안 있어 그의 아내에게서 전화가 걸려왔다. 그녀는 흐느끼느라 말을 제대로 이어가지 못했다. 띄엄띄엄 들리는 소리는 Y가 저 세상으로 가버렸다는 것이다.

5월이었다. 광주에서 목포로 가는 도로 주변에 아까시 꽃이 많아 어느 양봉업자가 도로가에 벌통을 줄줄이 놓아두었는데 Y가 탄 버스가 그 벌통을 피하려다 대형 사고를 냈다고 했다. 그의 딸이 두 살 때였다.

벌써 수십 년이 지났지만 순박하게 웃던 모습이 지금도 눈에 선하다. 아무리 그리워도 다시는 볼 수 없는 친구, 키가 커서 걸음을 걸을 때는 상체가 흔들거리던 그 친구가 몹시도 그립다.

계절의 여왕 5월, 온 천지가 꽃향기로 넘쳐나고 새들의 노랫소리 즐거운 5월은 그때 나의 친구 Y와 함께 영영 가버리고 말았다.

해마다 5월이 오면 더욱 가슴이 저리다.

붕어빵에 대한 향수

우리 아파트 앞길에 포장마차가 생겼다. 삼십대 중반의 젊은 여인이 붕어빵을 굽는다. 차림새는 허술하지만 편안한 인상에, 빵 봉지를 넘겨주면서 맛있게 드세요 하고 환하게 웃는 모습이 정겹다. 배움도 있어 보인다. 무슨 사연이 있어 이 추운 겨울날 길가에서 붕어빵 장사를 하게 되었는지 안 됐다 싶은 생각이 든다. 외출했다 돌아오는 길, 버스에서 내려 집으로 걸어오다가 붕어빵을 산다. 처음에는 구수한 그 냄새에 불쑥 향수가 일어 샀지만, 이제는 으레 사야 하는 것처럼 외출에서 집에 들어올 때마다 산다. 더구나 요즘같이 추운 날에는 그냥 지나칠 수가 없다. 꼭 팔아줘야 할 것 같은 생각이 든다. 어쩌다 포장마차가 보이지 않을 때는 궁금하고 서운하다.

중·고등학교에 다닐 때 친구 H와 함께 붕어빵집을 자주 갔다. 흰 머리, 검은 얼굴의 주름살 많은 할머니가 굽는 붕어빵이 참 맛있었다. 노릇노릇 구워진 붕어빵 꼬리를 잡고 한입 덥석 베어 물면 속에 든 팥소가 뜨거워 입천장을 데기도 하지만 달콤하고 구수한 그 맛이 늘 나를 유혹했다. 백 원에 열 개였는데 덤으로 한 개를 더 얹어 열한 개를 주었다. 우리는 그걸 다 먹고도 부족해서 백 원어치를 더 사먹을 때도 있었다. 일요일이면 친구 녀석과 같이 광주 사직공원에 올라가 해가 설핏하도록 놀다가 내려와 흰 머리 할머니의 붕어빵집을 찾아가곤 했다. 어떤 날은 두 사람이 다 백 원도 없어 무척 아쉬운 마음으로 집에 들어갈 때도 있었다. 시골에서 도시로 나와 학교 다니는 나로서는 늘 돈이 없고 항시 배가 고팠다.

붕어빵에 대한 이야기를 하자니 잊지 못할 사연 하나가 생생하게 떠오른다. 어느 날 친구 H와 공원에 올라가 해가 서쪽 산에 걸칠 때까지 놀다가 내려오던 길이었다. 아마도 5월 중순경이었을 것이다. 내가 친구 녀석에게 한 가지 제안을 했다. 아까시 잎 떼어내기 시합을 해서 진 사람이 붕어빵을 사자고. 친구도 좋다고 했다. 우리는 아까시 잎줄기 하나씩을 따서 이파리의 숫자를 맞춘 다음 가위바위보를 하면서 내려오기 시작했다. 돌계단을 내려올 때였다. 가위바위보 하느라 정신이 팔려 친구가 발을 헛딛고 사정없이 굴러 떨어지고 말았다. 일어서지를 못 했다. 붕어빵이고 뭐고 내가 부축하여 병원으로 갔다. 발목 골절이 되어 한 달여를 깁스를 한 채 목발을 짚고

학교에 다녀야 했다. 가방은 날마다 내가 들어다 줬다.

붕어빵집은 친구와 나의 우정이 영글어간 곳이다. 우리는 붕어빵을 먹으면서 때리기 좋아하는 체육 선생님을 욕하고, 여학생에게서 온 편지를 서로 보여 주기도 했다. 비록 변두리 뒷골목 슬레이트 지붕의 허술하고 초라한 붕어빵집이었지만 거기는 친구와 나의 화려한 꿈이 자란 곳이기도 하다. 그곳에서 인생을 논하고 문학을 이야기하고 장래를 설계하기도 했다. 또한 가슴 설레는 밀회의 장소도 되었다. 하얀 칼라 감색 교복의 여학생과 뜨거운 붕어빵을 먹으면서 그만큼이나 뜨거운 열정을 토로했다. 당시의 고교생으로서는 여학생과 만나 대화할 장소가 없었다. 돈이 없으니 ○○옥 ○○당 간판이 붙은 고급 빵집에는 들어갈 엄두도 내지 못했다. 그렇다고 돈 안 드는 공원 벤치에 여학생과 같이 앉아 있다가 같은 반 친구의 눈에라도 띄는 날에는 그 이튿날로 소문이 나고 놀림을 받아야 했다.

세월이 많이 흘렀지만 붕어빵은 여전히 아름다운 추억거리로 남아있다.

지금도 그 친구를 만난다면 그때처럼 그 집에 가보고 싶다. 하지만 흰 머리 할머니가 지금까지 거기서 붕어빵을 굽고 있을 리도 없고, 그 친구를 다시 만난다 해도 삼겹살에 소주를 마시게 될 것이다. 아쉽게도 그 친구와 소식이 끊긴 지 오래다.

요즘 붕어빵은 그때에 비해서 길이도 짧고 무게도 가볍다. 사람이 늙으면 키나 몸무게가 줄어드는 것처럼 붕어도 이제

늙어서 몸뚱이가 줄어든 것일까? 옛날의 붕어는 겉살이 탱탱하고 등지느러미가 제법 날카롭게 뻗쳐있어 잡으면 손을 찌를 듯했다. 꼬리도 금방 파닥거릴 것처럼 튼실하고 늘씬했는데 지금은 겉살도 주글주글하게 기가 빠지고 꼬리도 몽탕하여 볼품이 없다. 그러면서도 값은 천정부지로 치솟았다. 천원에 세 개밖에 안 되니 내가 처음 사먹기 시작한 때에 비해서 서른세 배가 오른 셈이다. 요새 물가가 많이 올랐다고 아우성이지만 같은 기간에 붕어빵값 오른 데 비하면 아무것도 아니다. 쌀이 스무 배, 짜장면이 스물세 배 정도 올랐다. 금값이 폭등하여 정말 금값 되었다고, 돌잔치에 돌반지가 사라졌다고 야단들이다. 그러나 겨우 일곱 배 올랐을 뿐이다. 그래도 사람들은 붕어빵값 많이 올랐다고 불평하지 않는다. 춥고 눈발이라도 날리는 날에는 포장마차 앞에 사람들이 붐빈다. 나도 그들 틈에 끼여 차례를 기다린다. 2천 원어치를 산다. 인상 좋은 여인이 빵 봉지를 건네주면서 환하게 웃는다.

"한 마리 더 넣었어요."

하얀 이가 눈부시다. 옛날 흰머리 할머니의 붕어빵집이 그리워진다. 친구 H는 어디서 어떻게 살고 있을까. 그 얼굴 한번 보고 싶다.

형님, 보고 계세요?

연두색으로 곱게 물들어가는 산자락에 자리한 한정식 집이다. 창밖으로 내려다보이는 호수에 잔물결이 일어 오월의 햇볕에 은빛으로 반짝거리는 윤슬이 아름답다. 오랜만에 장조카 내외와 우리 부부가 마주 앉았다.

어버이날을 맞아 작은아버지를 찾아보러 조카 내외가 찾아온 것이다. 음식상이 들어왔다. 상다리가 휘어진다는 말을 실감할 수 있었다. 당연히 가격도 만만치 않았다. 네 사람의 한 끼 식사 비용으로 지불하기에는 너무 비싼 값이었다. 그 돈으로 쌀을 산다면 우리 두 식구가 몇 달을 먹고 살겠구나 싶었다. 동동주 맛이 일품이었다. 상 위에 산해진미가 그득했지만 나로서는 더덕구이 안주에 동동주 몇 사발이면 그만이었다. 뱃속이 얼얼해왔다. 앞에 앉은 조카의 옆머리가 희끗희끗한 게 보였다. 어느새 제 아버지가 세상을 떠날 때의 나이보다 여남은 살이나 더 많다는 생각에 갑자기 목구멍이 뜨거워졌다. 창밖으로 시선을 돌려 호수를 내려다보는 척했다. 어버이날에 자기의 부모 대신 작은아버지를 찾아온 조카의 마음을 알기에 그저 즐거운 척하며 분위기를 깨지 않으려고 신경을 써야 했다.

형님은 우리 형제 아홉 남매의 맏이고 내가 둘째다. 형님의 나이가 나보다 일곱 살이나 더 많아 늘 어렵게 생각되었다. 키가 훤칠하게 크고 얼굴이 훤한 헌헌미장부였다. 마주 앉으면 나는 자꾸 위축되고 주눅이 드는 기분이었다. 나의 이런 생각과는 달리 형님은 나에게 특별한 애정과 관심을 가지고 따뜻하게 대하려고 애썼다. 형님은 초등학교를 졸업하고 상급학교 진학을 못 했다. 그 대신 서당에서 한학을 공부하여 아는 게 많고 필체가 좋았다. 어디를 가도 자기 몫은 똑똑히 다하는 인물이었다. 약관의 나이로 금융조합(지금 농협의 전신)에 취직하여 집안을 도왔다. 자신이 진학을 못 한 대신 내가 대학까지 다닐 수 있도록 물심양면으로 뒷받침해줬다.

형님은 스물여섯에 동갑인 시골 규수와 결혼해서 두세 살 터울로 오남매를 두었다. 내 나이 서른이 넘어 이제는 형님에 대한 어려운 생각을 접고 스스럼없이 술잔도 같이 나눌 수 있겠다 싶을 때였다. 마흔의 나이로 형님이 세상을 떠났다. 그 이듬해에는 형수마저 남편의 뒤를 따라가고 말았다. 동갑내기 부부의 기막히게 슬픈 인연이었다.

그때 장조카가 열다섯 살이었다. 어린것들 오남매가 갑자기 고아가 되어버린 것이다. 열다섯 살 어린 나이로 상복을 입고 제 아버지의 상여 뒤를 따라가던 모습이 아직도 눈에 선한데 어느새 쉰이 넘어 희끗희끗한 머리를 하고 내 앞에 앉아 있는 걸 보니 만감이 교차했다. 더구나 어버이날에 작은아버지를 챙기려고 일부러 찾아온 것이 그리도 고마울 수가 없었다. 대견한 마음과 함께 짠한 생각이 들어 자꾸만 무거워지려는 마음을 추스르기 위해 애를 써야 했다. 조카의 얼굴 위로 형님의 얼굴이 겹쳐졌다. 순간 엉뚱한 생각 한 가지가 퍼뜩 머리를 스쳤다. 참으로 생뚱맞은 생각이었다. 내가 만약 세상을 떠나고 없다면 내 큰애가 제 작은아버지를 어버이날에 찾아볼 것인가 하는 것이었다.

세월이 약이란 말이 있다. 형님 내외가 일 년 사이로 세상을 떠났을 때는 앞이 캄캄했다. 열다섯 살부터 세 살까지 어린것들 다섯을 어찌해야 할지 어떤 방도가 없었다. 재산이라도 넉넉하다면 그래도 좀 낫겠지만 그렇지도 못 했다. 하지만 시간이 흘러 그 어렸던 아이들이 모두 결혼하여 아들딸 낳고 살아가는 걸 보면 정말 세월이 약이란 말이 옳은 것 같다.

지금은 다섯 조카들 누구도 크게 걱정거리가 없다. 제 자식들 대학 보내면서 잘들 살아가고 있다. 물론 그만큼 되기까지 본인들이 그동안 겪은 고생이야 하늘도 감동시킬 만한 것이었다. 그래도 오남매 모두가 올바르게 자라서 각자의 노력으로 일가를 이루고 사는 것이 참으로 기특하고 대견하고 고맙기 그지없다. 더구나 장조카는 제 동생들에게 맏이 노릇을 톡톡히 하고 있다. 경제적으로 일찍 탄탄하게 기틀을 잡아 동생들을 잘 건사하고 있으니 우리 집안의 복이 아니랴. 제 아버지는 성격이 호탕해서 시원시원하기는 하지만 조금은 세심하지 못한 면이 있었다. 반면에 조카는 살갑고 엽렵獵獵한데다 꼼꼼하기까지 해서 실수가 없으니 믿음직하다. 작년 제 아버지 생일에는 한복 한 벌을 지어가지고 부부가 함께 산소에 가서 태워드렸다니 요즘 세상에는 보기 드문 기특한 일이 아닌가. 만약 형님의 혼이 있다면 그 호탕한 성격에 너털웃음을 치면서 좋아할 것이다. 자기의 큰아들이 좋은 승용차에 작은아버지 내외를 태우고 고급 한정식집에 간 걸 안다면 저승에서도 여기저기 돌아다니면서 자랑하기에 여념이 없을 것이다.

형님, 보고 계세요?

형님의 큰아들이 벌써 형님이 떠나실 때보다 더 많은 나이가 되었답니다. 오늘, 어버이날이라고 나를 찾아와 맛있는 음식을 푸짐하게 대접하고 갔어요. 밑으로 작은조카들도 모두 잘살고 있습니다.

형님, 이제 모든 걱정 다 내려놓고 편안히 쉬세요.

따뜻한 거리

토요일-.

가을 날씨가 약간 찬 기운이 돌긴 해도 햇빛이 눈부시고 할 일도 없어 어딘가 가고 싶었다. 문득 전에 살던 곳이 생각났다. 거리에 나가도 여기 서울처럼 복잡하지 않고 한가한 곳, 사람들도 인정 많고 따뜻한 맛을 느낄 수 있는 그 동네가 그리웠다. 불과 10여 년 정도 살았을 뿐이지만 정이 흠뻑 들어 무척이나 아쉬움을 남기고 떠난 곳이다. 고향은 아니지만 고향 같은 향수를 느끼는 그곳엘 가보기로 했다.

버스에서 내리자 낯익은 거리가 눈에 확 들어왔다. 길 양쪽으로 벚나무가 주욱 늘어선 거리, 전에 거기 살 때 참 많이도 지나다니던 곳이다. 길가에 앉아 물건을 파는 여자들조차도 알은체하고 지냈다. 벚꽃이 피는 봄철에는 아파트 정문을 나서면 좌우 300여 미터가 벚꽃 터널이 되던 곳, 지금은 빨갛게 물든 벚나무 잎이 하나 둘 시나브로 떨어져 내리고 있었다.

풀쐐기 아줌마가 예나 다름없이 길가 벚나무 밑동에 기대고 앉아 있다. 대파, 고구마 순, 토란대, 호박 등 놓고 있는 물건들 역시 전과 같다. 밤송이 같은 머리털이며 펑퍼짐한 검정 몸뻬에 색이 바래고 때에 절어 희끄무레한 스웨터를 걸친 입성도 여전하다.

"풀쐐기 아줌마, 많이 팔았소?"

"하이고마야, 우째 이리 오랜만잉교?"

거기서 살 때 오가며 늘 보았던 아낙네, 60대 중반쯤 되었을까? 모두 합해봐야 10만 원어치도 채 안 되는 물건들을 늘어놓고 추우나 더우나 자리를 비우는 일이 없었다. 호박 한 개만 산다고 하면 "두개 가져가!" 하고 톡톡 쏘듯이 말해서 내가 풀쐐기 아줌마라고 별명을 지어놓았다. 남편이 허구한 날 아프기만 하고 돈도 못 번다고 볼 때마다 울상이다. 문디 영감탱이 어서 죽었으면 좋겠다고 해놓고는 곧이어서 물건을 다 팔아야 우리 영감 약값을 댄다고 딴소리를 하곤 했다. 안됐다 싶어 애호박이며 대파 등을 더러 팔아주면서 얼굴은 잘 익힌 사이지만 내가 서울로 이사 한 사실은 모른다.

저쪽에 전화기를 들여다보고 서 있는 여인도 그대로다. 40대 초반으로 보이는 여인, 만날 때마다 고등학교 2학년인 아들의 성적이 전교 1등이라는 자랑을 못해서 안달인 그녀는 항시

서서 장사를 한다. 콩나물, 두부, 청국장 등 찬거리를 언제나처럼 늘어놓고 있다. 전화기를 들여다보거나 물건을 정리하다가도 사람이 지나가는 기척만 있으면 쳐다보지도 않고 무조건 "안녕하세요?" 한다. 그래서 그 여인에게는 자동응답기라는 별명을 붙였다.

"자동응답기! 안녕하세요?"

비로소 고개를 들고 나를 보더니 반색을 했다.

"워메! 어쩌끄나. 어째 그리 오랜만에 나오셨대요? 어디 아팠어요?"

그녀 역시 내가 이사 한 걸 모르고 있다. 전 같으면 두부와 청국장을 좀 팔아주겠지만 이제는 서울까지 들고 오기가 어렵다.

거리는 아무것도 변한 것이 없었다. 드문드문 지나가는 승용차, 승합차와 트럭들도 별로 속력을 내지 않고 사람들의 발걸음도 한가했다. 길 건너 '대중 이발관' 앞에 빨갛고 파란 색깔의 길쭉한 표시등이 천천히 돌고 있었다. 동네에 하나밖에 없는 약국에 흰 가운의 낯익은 여자 약사가 무료하게 밖을 내다보고 섰다가 내가 들어가자 반갑게 인사하며 따뜻한 쌍화탕 한 병을 마개를 따서 내밀었다.

내가 거기에 살 때나 지금이나 아무것도 변하지 않았다. 내가 떠나고 없어도 변함없이 잘 돌아가고 있다 생각하니 조금은 서운한 생각이 들었다.

아파트 경비원을 만나 한참 동안 이야기를 나눴다. 그는 무

인경비 시스템이 들어오면 일자리가 없어진다고 걱정이 태산이었다. 안으로 들어가서 전에 살았던 동棟을 한번 돌아보고 싶었지만 그만 두었다.

이러구러 시간을 보내다보니 가을 짧은 해가 서쪽 산으로 많이 기울어 있었다. 돌아가려고 발길을 돌리는데 미장원 '빗과 머릿결' 앞에 할머니들 대여섯이 모여앉아 무슨 이야기를 하는지 시끌벅적했다. 가까이 가보니 영암댁 할머니가 도라지를 팔고 있는 중이었다. 약수터에 다니면서 인사 정도는 하고 지냈던 할머니들이 도라지 껍질 벗기는 걸 거들어 주면서 이야기꽃을 피우고 있었다. 모두 수십 년도 넘은 사연들, 앞집 총각에게서 연애편지를 받은 걸 아버지에게 들켜 죽게 얻어맞았다거나, 누구는 밤에 가설극장에 영화 보러 갔다 오는 길에 동네 총각에게 산으로 끌려가 어쨌다는 둥 주로 처녀 적에 겪었던 일들이었다. 그중에서 가장 나이 많은, 올해 아흔 살이라는 본동댁 할머니가 느닷없이 한마디했다.

"나도 잠은 같이 안 잤지만 연애는 걸어봤어."

모두들 눈물이 나도록 웃어댔다. 영암댁 할머니도 도라지는 팔리지도 않는데 웃기만 하고 있었다.

돌아오는 길, 마음이 흐뭇하고 편안했다. 가을날 해거름의 날씨는 쌀쌀하지만 춥지 않았다. 정겹고 따뜻한 거리였다.

아리랑 고개

아리랑 교통—.

이사를 하기 위해서 처음 집을 보러 이곳에 왔던 날, 전철에서 내려 탔던 버스 회사 명칭이다. 나는 속으로 그 회사 이름을 지은 사람이 꽤 멋을 아는 사람이라고 생각했다. 하지만 나의 그런 생각은 불과 10분도 채 못 되어 틀렸음을 알게 되었다. 버스에 올라 조금 가자 차내 안내 방송이 나왔다.

"이번에 정차할 곳은 아리랑 고개입니다. 다음은 아리랑 시장입니다."

안내 방송뿐만이 아니었다. 차창 밖으로 보이는 간판들도 그랬다. 아리랑 식당, 아리랑 슈퍼, 아리랑 마트…. 이 동네에 웬 아리랑이 이리도 많을까? 의아하게 여겼으나 그것도 금방 알게 되었다.

여기가 바로 그 유명한 영화 〈아리랑〉 촬영지였던 것이다.

중학생 때, 그 영화를 본 적이 있다. 수십 년 세월이 흘렀지만 실성한 주인공이 낫을 들고 설치던 모습은 지금도 똑똑히 기억하고 있다.

영화 〈아리랑〉은 일제 강점기에 우리나라 최초의 감독인 춘사 나운규(春史 羅雲奎 1902~1937)가 각본, 주연, 감독, 제작을 도맡은 무성 영화로 1926년 10월 1일에 단성사에서 개봉되어 폭발적인 인기를 얻고 세상을 떠들썩하게 한 영화다.

영화의 클라이맥스는 주인공 영진(나운규 분)이 누이동생 영희(신일선 분)를 겁탈하려는 일본 경찰 앞잡이인 악덕 지주 오기호를 낫으로 찍어 살해하고 오랏줄에 묶여 고개(지금의 아리랑 고개)를 넘어갈 때 주제가 아리랑이 울려 퍼지면서 영화는 끝난다. 이 끝 장면에서 관객들은 일제히 일어나 아리랑을 다함께 부르고 울며 조선독립 만세를 외치기도 하는 등 완전히 흥분의 도가니였다고 한다. 그 감동의 원인은 영화의 내면에 흐르는 일제 압박에 대한 겨레의 울분이었다. 지금 나의 기억에도 그 장면이 어렴풋이 남아 있지만 그때는 이미 시대가 많이 변하여 그와 같은 감동의 분위기는 아니었다. 그리고 내가 봤던 아리랑은 나운규가 제작한 원본이 아니고 아마도 김소동金蘇東 감독이 1957년에 각색했다는 작품이었을 것이다.

이 영화는 나운규가 20대 중반에 만든 민족정기와 항일 정신을 고취 시키는 한국 최초의 민족영화다. 단성사에서 아리랑이 개봉된 그날은 일본이 조선총독부 건물 낙성식을 하는 날이었다고 한다. 그러니 일본의 검열과 방해 공작이 얼마나 심했을지 알 만하다. 필름 원본은 바로 압수당했고 지금까지도 찾지 못하고 있다는 것이다.

영화의 천재로 불리고 민족정신이 투철했던 나운규가 35세의 나이로 요절한 건 안타까운 일이다. 천재적인 재능을 타고 나서 뚜렷한 흔적을 남기는 사람들은 세상에 오래 머물지 않는 것일까? 시인 김소월(본명 金廷湜), 작가 이상(본명 金海卿), 시인 노천명(본명 盧基善), 가요황제 남인수(본명 姜文秀) 등이 아깝게도 모두 20~40대 나이로 타계했다.

서울 성북구 돈암동 네거리를 기점으로 하여 돈암동과 동소문동을 지나 정릉길에 이르는 지점까지의 1,450여 미터쯤 되는 지선도로, 여기가 바로 서울 돈암동'아리랑 고개'다. 서울 전체 가로명 가운데 '대로'나 '로' 또는 '길'이 아닌 '고개'로 부르는 유일한 도로다. 물론 우리의 민요 〈아리랑〉에서 삶의 고달픈 대목을 의미하는 상징적인 의미의 그 아리랑 고개는 아니다. 옛날에는 정릉 고개라고 부르던 곳인데 영화 〈아리랑〉을 촬영한 후 이름이 바뀌었다고 한다. 전에 내가 영화에서 봤을 때는 한적하고 자갈이 깔린 좁은 오르막길이었는데 지금은 널찍한 포장도로 양쪽으로 빌딩과 아파트 숲이 들어찬 번화가로 변했다. 이 길이 영화의 거리로 지정되었고 아리랑 시네센터(CINE CENTER – 극장)와 아리랑 정보도서관이 있다. 여기에서 정릉

쪽으로 올라가면 작은 재래식 시장이 있는데 여기가 '아리랑 시장'이다.

영화 〈아리랑〉은 탐미적耽美的이거나 낭만적浪漫的인 작품이 아니고 의도적으로 우리 민족의 조국을 잃은 울분과 설움을 담아냈다. 생각하면 아리랑 고개는 우리가 일제의 침략으로 참담했던 과거를 되돌아보고 숙연해야 하는 곳이다. 하지만 세월이 흐르면 다 잊기 마련인가. 오가는 사람들은 그저 무심히 지나다니고 영업소 간판에나 아리랑이라는 이름을 이용할 뿐이다.

사람이 살아가면서 겪게 되는 일은 참으로 알 수 없는 수수께끼와도 같다. 중학교 시절 광주에서 봤던 영화 〈아리랑〉의 촬영지, 서울 돈암동 아리랑 고개가 있는 동네에서 내가 살게 될 줄은 꿈에도 생각지 못했다. 우리나라 영화계에 큰 획을 그은 〈아리랑〉이 만들어진 이 지역에 살게 되어 감회가 깊다.

나는 요즘 아내와 함께 아리랑 시장에서 채소와 생선을 사기도 하고, 더러는 아리랑 식당에서 삼겹살에 소주를 마신 후 아리랑 마트에서 과일을 사들고 아리랑 고개를 넘어서 집으로 돌아온다.

배롱나무꽃 그늘에 앉아서

배롱나무에 꽃이 피었다. 내한성耐寒性이 약해서 한강 이북에서는 보기 드문 나무인데 우리 아파트 정원 옹당이 연못가에 두 그루가 의젓하게 서 있다. 주위가 온통 진초록으로 우거진 가운데 선홍색의 꽃이 한층 돋보인다. 저쪽 놀이터에서는 아이들이 시끌벅적하다. 나는 아까부터 배롱나무꽃 그늘에 앉아 그들이 노는 모습에 정신이 팔려 있다. 나도 가서 한 축 끼고 싶다. 아이들은 무슨 말인지를 쉴 새 없이 떠들어대며 논다. 그걸 보고 있으니 기분이 좋아진다. 올망졸망한 아이들의 모습을 보면 고운 꽃을 볼 때와도 같은 마음이 된다.

빨갛게 고운 배롱나무꽃을 보니 고향 마을이 눈앞에 선하게 떠오른다. 동네 앞에 백 년도 넘었다는 거대한 둥구나무가 있었다. 여름이면 잎이 우거져 하늘이 안 보일 정도로 그늘이 넓고 시원했다. 더울 때는 어른 아이 할 것 없이 모두 그 나무 밑이 놀이터였고, 오가는 일꾼들이 잠깐 다리쉼을 하는 쉼터이기도 했다. 그 한쪽에 배롱나무 한 그루가 있어 해마다 빨간 꽃이 피었다. 천지가 모두 푸른 여름철에 불타는 듯 새빨간 꽃은 더욱 인상적이었다. 그 배롱나무를 '간지럼나무'라고도 불렀다. 나무의 밑동을 손가락으로 간질이면 나무가 간지럼을 타서 윗가지가 흔들린다는 것이다. 동네 형들이 하는 걸 보니 정말 흔들렸다. 어느 날, 나 혼자 있을 때 간지럼을 태워 보았는데 처음에는 꿈쩍도 않더니 더 세게 간질이자 정말 흔들렸다. 그때부터 배롱나무는 나에게 간지럼나무가 되었고 서로 감정이 교감하는 것 같은 생각을 가졌다.

세월이 흐른 후, 나무에는 자극을 전달해 주는 신경세포가 없다고 생물학 책에서 읽었지만 믿고 싶지가 않았다. 나는 지금도 배롱나무를 간지럼나무라고 부른다. 그리고 내 아이들에게도 그 나무가 간지럼을 탄다고 말하고 나 역시 그렇게 믿고 있다.

배롱나무는 7월 중순경에 꽃이 피어서 가을까지 3개월 이상 그 빨간 색깔을 뽐낸다. 그래서 배롱나무의 또 다른 이름은 '백일홍 나무'다. 드물게 흰색과 홍자색이 있긴 하지만 빨간 색이 주종을 이루고 또 가장 멋지기도 하다. 국화과의 1년생 화초인 백일홍과 구별하기 위해서 '목백일홍'이라고도 한다. 꽃이 피어 백 일을 간다고 해서 붙은 이름이지만 사실은 꽃이 그렇게 오래 가는 것이 아니고 피는 방식이 특별해서 그렇게 보일 뿐이다. 자세히 들여다보면 자잘한 가지마다 굵은 콩알 같은 꽃망울이 다닥다닥 매달려 있고 밑에서부터 차근차근 꽃이 피어 올라간다. 말하자면 꽃이 차례차례 '이어피기'를 하는 것이다. 먼저 핀 꽃이 질 때가 되면 그 위에 있던 꽃망울이 열리고 또 그 다음 꽃망울이 피고…. 이렇게 이어 피기를 석 달쯤 계속하니 무심코 보는 사람들에게는 꽃이 한 번 피어서 몇 달을 가는 것처럼 보이게 된다. 꽃잎도 다른 꽃과는 달리 쭈글쭈글 주름이 잡혀 있다. 참 희한한 꽃이다.

아름다운 꽃이 거의 그렇듯이 배롱나무꽃도 슬픈 전설을 담고 있다.

옛날, 어느 바닷가 마을에서는 해마다 처녀 하나씩을 바다에 사는 머리 셋 달린 괴물에게 제물로 바쳐야 했다. 어느 해, 김 영감의 외동딸을 제물로 바치려던 찰나 갑자기 한 장사壯士가 나타나 그 괴물의 머리 하나를 잘라버리자 괴물은 도망치고 처녀는 살아났다. 처녀는 그 장사에게 평생을 모시겠다고 하자 장사가 말했다. 나는 옥황상제의 아들인데 잃어버린 여의주를 찾아야 당신을 데려갈 수 있고 못 찾으면 데려갈 수 없소, 100일 간만 기다리시오, 여의주를 찾으면 배에 흰 깃발을, 못 찾으면 붉은 깃발을 달고 오겠소. 그날부터 처녀는 정화수 떠 놓고 장사가 여의주 찾기를 기도했는데 100일이 되는 날 멀리서 오는 배를 보니 붉은 깃발이 달려있는지라 처녀는 다 틀렸다 생각하고 자결하고 말았다. 이듬해 봄, 처녀의 무덤에서 못

보던 나무 한 그루가 자라나 새빨간 꽃이 100일 동안 피어있었다. 사람들은 100일을 기도한 처녀의 넋이라 하여 백일홍이라고 이름 붙였다.

사실은 그때 장사가 여의주를 찾아서 흰 깃발을 달고 돌아오는 길인데 머리 하나를 잘렸던 괴물이 복수를 하려고 덤벼들었다. 장사가 괴물의 머리 두 개를 마저 잘라서 죽였는데 이때 흘린 괴물의 피가 흰 깃발을 붉게 물들였던 것이다.

배롱나무꽃의 꽃말은 '떠나간 벗을 그리워하다.'로 되어 있다.

늘 생각나는 다정했던 옛 친구들-. 지금은 어디에 사는지 알 수 없는 녀석이 많고, 아예 돌아올 수 없는 머나먼 세상으로 떠나버리기도 했다. 배롱나무꽃을 보면, 어린 시절 고향에서 그 나무에 간지럼을 태우며 놀던 동무들이 늘 그립다.

행복한 여인들

관광버스는 서귀포 천지연 폭포를 향해 가고 있었다. 여행사에서 나온 여자 안내원이 마이크를 들고 일어섰다. 두 손을 머리 위로 올려 하-트 모형을 만들고 고개를 살짝 옆으로 꼬면서 애교스럽게 말했다.

"여러분, 사랑해요."

그녀의 안내말과 익살스러운 농담이 계속되었다. 낯뜨거울 정도의 음담패설까지 거침이 없었다. 이런 말도 했다."어린 아이 때는 꼬치, 스무 살 이상 칠십 살까지는 ㅈ이라고 하지요, 그럼 칠십 살 이상은 뭐라고 할까요?"그건 ㅈ도 아니라는 것이다. 차 안이 온통 난리가 났다. 눈물이 찔끔찔끔 나오도록 웃어댔다. 나이가 마흔아홉인 그녀는 제주도 토박이로 관광 안내원 일만 스물여섯 해째 하고 있다는 것이다. 자기의 이름이

강옥수라고 하면서 강냉이 옥수수를 생각하면 자기를 잊지 않을 것이라고도 했다. 능숙한 말솜씨와 어울리는 몸짓이 분위기를 휘어잡기에 충분했다. 차 안은 온통 웃음바다였다. 여행객들의 들뜬 기분이 차 안에 넘쳐흘렀다. 안내원의 시선이 우리 부부를 향했다.

"신혼여행 중이시네요, 신혼여행이란 신나는 사람과 혼나는 사람이 같이하는 여행이랍니다. 아저씨는 어제 저녁에 신났어요, 혼났어요?"

다시 웃음이 터지며 차 안이 시끌벅적해졌다. 버스 안에는 서른다섯 명의 관광객이 타고 있었다. 그중에서 부부 동반은 우리뿐이고 다른 사람들은 모두 여자 혼자였다. 그러니 남자는 오직 나밖에 없었다. 거의가 40~50대의 중년 여인들이었다. 꽃밭에 들어앉은 기분이었다. 우리 큰애가 어버이날을 맞아 주선한 효도관광으로 제주도를 간 우리 부부가 그 그룹에 끼게 된 것이다. 소위 패키지 여행이었다.

안내원의 익살에 여자들이 맞장구를 치면서 분위기는 점점 재미있어졌다. 이야기 중에는 남편을 가지고 엎고 뒤집고 내리깎고 하는 내용도 많았다. 남자가 늙어서 밥이라도 얻어먹으려면 젊어서 잘해야 한다느니, 집에서 나올 때 제발 돌아오기만 해달라고 남편이 사정사정했다느니, 심지어는 성性에 대한 듣기 거북한 말까지 마구 쏟아져 나왔다. 남자가 돈 없는 건 봐 줄만 한데 힘까지 없는 건 도저히 못 봐주겠다는 말도 했다. 가정에서 숨 막히게 한 응어리들을 제주도에 와서 몽땅 털어내버리고 가려는 것인가. 하지만 듣기에 조금 섭섭하기도 했다. 혼자만 여행을 떠나와서 남편이나 다른 가족에게 미안하다는 투의 말을 하는 사람이 하나도 없는 것이다. 더구나 남편을 폄하시켜 하는 말들이라니! 처음에 꽃밭에 들었구나 싶던 마음도 잠시고, 자리가 점점 거북해졌다. 꼭 나 들으라고 하는 말들 같아 고개가 수그러졌다. 곁눈질로 옆에 앉은 아내의 표정을 자꾸 훔쳐봤다. 내 아내도 자기들끼리 여행가면 저럴까? 설마….

목적지에 도착해서야 겨우 말들이 끝났다.

천지연 폭포를 구경하고 나서 가까운 거리에 있는 올레길 제7코스를 한 시간쯤 걸었다. 시원한 해풍을 맞으며 들쑥날쑥 굽이굽이 해안가를 둘러싸고 이어진 낭떠러지 길을 걷는 기분이 상쾌했다. 오랜 세월 밀물과 썰물에 깎이고 할퀴어 이루어진 갖가지 모양의 바위들이 아슬아슬한 절벽 아래 별천지를 이루고 있었다. 구불구불 해안선을 따라가던 중 한곳에 멈춰 섰다. 안내원이 절벽 아래 한곳을 가리켰다. 거기에 바다에서 하늘을 향해 불쑥 솟아오른 바위가 보였다. 높이가 이십여 미터쯤 되어 보였다. '외돌개 할망바위'라 했다.

옛날 바닷가에 노부부가 살고 있었다. 어느 날 고기잡이 나간 할아버지가 돌아오지 않았다. 할머니는 해변에 나가 먼 바다를 바라보며 몇날 며칠 할아버지를 부르다가 바위가 되고 말았다. 할머니가 바위로 변한 후 할아버지의 시신이 파도에 밀려 할머니 앞으로 와서 역시 바위가 되었다.

할망바위 앞에는 사람이 길게 누워있는 듯한 바위가 또 있었다. 할아버지의 바위였다. 그러고 보니 할망바위는 정말 사람의 얼굴 형상을 하고 있었다. 눈, 코, 입의 모양이 여실하여 먼 바다를 바라보고 있는 사람의 모습이었다. 더구나 바위 꼭대기에는 풀이 자라 마치 바람에 날리는 할머니의 머리칼을 연상케 했다. 이십여 미터나 되는 바위 꼭대기에서 풀이 자라는 것도 기이한 일이었다.

안내원의 설명에 우리 일행은 잠시 숙연한 분위기가 되었다. 옛사람의 애틋한 사랑 이야기에 감동이 컸다. 가는 곳마다 어찌 이리도 안타까운 전설이 많은 것일까. 신라 시대 박제상 아내의 망부석 이야기며, 백제시대 정읍사井邑詞 설화가 모두 그렇다. 한갓 전설로만 취급하여 웃어넘기고 말 일이 아니다. 우리의 옛 여인들은 실제로 그렇게 순수하고 애절한 사랑을 몸소 실천하고 살았던 것이다. 그래서 할망바위의 전설도 생겨났으리라.

황혼 이혼이 늘어나고 인스턴트 사랑이 유행인 요즘 사람들이 한 번쯤 되새겨 볼 일이다.

숙소로 돌아오는 버스 안은 여전히 시끄러웠다. 뒷자리에서 이야기하는 소리가 들렸다.

"오늘 저녁에는 다금바리회에 쏘주 한잔하러 가자."

행복한 여인들이었다. 살기 힘들다고 하소연하는 사람도 많지만 즐겁고 편하게 사는 사람도 많은 세상이다. 일행 중에 어떤 이는 작년에 왔을 때도 지금의 안내원을 만났다면서 뗄 수 없는 인연이라고 수다를 떨기도 했다. 제주도를 동네 마실 다니듯 하는 모양이었다. 훌훌 떨쳐버리고 떠나오니 살 것 같다고 환성을 지르는 사람까지 있었다.

언젠가 중국 상해, 소주, 항주 지방을 여행할 때 만났던 여자들 생각이 났다. 그때 한 여자가 자기 아들이 고3이라고 했다. 입시생 아들을 두고 어떻게 여행 다닐 마음의 여유가 있느냐고 물었더니 아들의 인생과 자기의 인생은 별개라는 대답이었다.

할망바위가 못내 마음을 무겁게 했다. 누가 그 바위를 들어다가 내 가슴에 얹어놓기나 한 것처럼. 바위로 변했다는 말은 지어낸 이야기라 할지라도 그 시절 여인들의 삶을 나타낸 이야기일 것이다. 바다에 나가 돌아오지 못한 남편이 어디 한둘이겠는가. 하룻저녁에 제사가 여남은 집이나 되는 어촌도 있다는 말을 들은 적이 있다.

더러는 본능을 억압하는 도덕률에 반기를 들기도 하고, 생활의 굴레에서 일탈도 하면서 살아가는 이 사람들이 어쩌면 행복한 사람들인지도 모른다.

봄의 소리

오늘 아침이다. 우리 집 남쪽 베란다 반쯤 열린 창가에 박새 한 마리가 날아와 지저귀고 있었다. 저도 봄기운에 취했던가, 내가 가까이서 보고 있는데도 녀석은 겁 없이 날아가지도 않고 지저귀었다. 겨우내 보이지 않던 박새 녀석, 어디 움츠리고 있다가 이렇게 찾아온 걸까? 그러나 녀석은 또 금방 포르르 저 아래 목련나무 위로 날아갔다. 흰 꽃망울이 막 열리고 있는-.

오늘은 산이든 들이든 봄 마중을 나가봐야겠다. 한겨울 동안 움츠리고 있었으니 어깨를 활짝 펴고 봄을 맞이해야지. 박새도 봄소식을 전하러 나의 창밖까지 날아왔는데. 햇볕이 따뜻할 것이다. 바람이 훈훈할 것이다. 봄의 소리, 아니 생명이 약동하는 소리가 사방에 울려 퍼질 것이다.

가벼운 배낭 하나 걸머지고 산을 오른다. 부드러운 바람결이 얼굴에 스치고 산 내음이 향기롭다. 아, 저기, 장끼가 운다. 우렁차다. 힘이 마구 넘친다. 춘치자명春雉自鳴이란 말이 있다. 봄 꿩이 스스로 울어 제 위치를 드러낸다는 뜻이다. 위험천만한 짓이다. 담비가 엿보는데, 매가 노리는데, 그들은 다 무서운 천적이다. 그러나 장끼는 그런 데 개의치 않고 운다. 울어서 까투리를 부른다. 그 열정, 그 집념이 참으로 놀랍다.

얼어붙었던 개울이 풀린다. 응달에 쌓인 눈이 녹아내린다. 녹아내린 물이 개울로 흘러든다. 졸졸졸 물소리가 맑다. 목마른 사슴이 금방이라도 달려올 것만 같다. 어쩌면 토끼가 먼저 올지도 모른다. 어디서 멧새가 찌르릉 운다. 바람은 귓가에 살랑거리고. 물소리, 새 소리, 바람 소리, 자연이 내는 소리들의 하모니가 아름답다. 그 소리들 속에 나도 한 축 끼어들고 싶다. 야호! 하고 환호성을 지르고 싶다. 아니 노래라도 부르고 싶다. 봄의 노래를 –.

봄이 오는 산에는 겉으로 드러나는 소리만 있는 게 아니다. 겨우내 얼어붙었던 생강나무 노란 꽃망울 터지는 소리, 햇볕으로 윤기 흐르는 물푸레나무 가지에 물오르는 소리, 땅속 꽃씨들 다투어 싹 틔우는 소리, 그 수런거리는 소리들로 온 산이 소란스럽다. 고사리며 취나물도 어딘가에서 그냥 있지는 않을 것이다. 해마다 맞이하는 봄이지만 그 모습은 언제나 새롭고 그 소리는 늘 싱그럽다. 나는 그 소리들을 들으면서 정상을 향한다.

정상, 먼 남쪽 하늘이 손에 잡힐 듯 다가온다. 불현듯 고향의 산과 들 모습이 눈에 선하다. 진달래, 철쭉이 흐드러지게 피던 뒷동산과 할미꽃 많던 옛 무덤, 동무들과 물장구치며 놀던 앞개울, 내 주먹보다 더 굵은 감이 주렁주렁 열리던 우리 집 앞마당 감나무….

옛날, 우리 아랫집 어린 영이와 함께 봄볕 좋은 언덕에서 쑥을 캐기도 했다. 그때 영이는 쑥을 캐며 〈고향의 봄〉을 불렀다. 파릇파릇 봄나물 돋아나던 언덕엔 영이처럼 어린 송아지가 음매-, 제 어미를 부르고, 연초록 푸른 보리밭 위로 종달새가 삐르르 울며 날아올랐다. 어디선가 버들피리 부는 소리도 들렸었지. 고향의 모습들이 낡은 필름처럼 아련하게 펼쳐진다. 하지만 지금 그 고향에는 영이도 송아지도 없다. 모두들 어디론가 떠나가고 쓸쓸한 동네가 되었다. 그래도 봄은 여전히 해마다 찾아올 것이다. 종달새는 아직도 날아오르고 있을까….

산에서 돌아오니 멀리 남녘에서 상자 하나가 와 있었다. 산골에 들어가 농사짓는 친구가 보낸 것이다. 얼마 전에 그가 전화를 했었다.

"거기 봄나물 나왔어?"

"봄나물? 여기는 지금도 한겨울인걸. 눈이나 좀 그쳤으면 좋겠네."

그때 남녘에는 이미 봄이 와 있었던 모양이다. 여기는 이제야 봄의 소리가 들려오기 시작하는데.

상자를 열었다. 봄나물이 소복이 담겨있다. 냉이, 달래, 씀바귀, 거기다 더덕 몇 뿌리까지. 갑자기 집 안이 봄 향기로 가득 찬다. 친구의 정이 참으로 뜨겁다. 한동네서 자라고 나와 동갑내기인 그는 일찍부터 농사를 지으며 살고 있다. 염소도 기르고 토종닭도 많이 있으니 한번 다녀가라고 종종 전화를 걸어온다. 하지만 아직까지 한 번도 가지를 못했다. 그런데도 봄나물을 이것저것 챙겨서 보내주는 그 마음 씀씀이가 고맙기 그지없다. 아무래도 올봄이 다 가기 전에 친구를 한 번 찾아가 막걸리잔 앞에 놓고 밤새워 옛 얘기라도 나눠야겠다.

오늘은 여기저기서 울려 퍼지는 봄의 소리와 함께 남쪽에서 날아온 봄의 향기 그윽한 좋은 날이다.

조강지처糟糠之妻

좀 오래된 이야기지만 한때 '3체'란 말이 유행된 적이 있었다. 못난 것이 잘난 체, 없는 것이 있는 체, 모르는 것이 아는 체 하는 사람을 두고 비꼬는 말이다. 특히 하찮은 지식을 가지고 자기야말로 그 분야에 대단한 권위자인 양 으스대는 사람이 많았던 시절이다. 아마 요새도 별반 다르지는 않을 것이다. 아니 어쩌면 오히려 더할지도 모르겠다. 세상이 갈수록 실속은 없어도 겉 폼만 잡고 '체'하면서 사는 사람들이 많다.

직장에 나간 지 얼마 안 되었을 때 일이다. 직무 관련 회의가 있었다. 60여 명이 모인 자리였다. 지위가 높은 사람이 단상으로 올라갔다. 그가 한참 무슨 말인가를 하던 중 조강지처라는 말이 나왔다.

"여러분, 조강지처가 무슨 말인지 알아요? 모르지요? 조강이 뭐냐, 간장과 된장이라는 말입니다, 즉 간장과 된장만 먹고 살아온 아내란 말입니다."

그는 열변을 토하고 있었다.

"바쁘네 어쩌네 핑계만 대지 말고 책 좀 읽어요, 배움에는 끝이 없습니다. 무식하다는 말 듣지 않으려면 계속 노력해야 됩니다."

그야말로 모르는 것이 아는 체하는 경우였다.

조강지처糟糠之妻의 糟는 술지게미 조, 糠은 쌀겨 강 자다. 즉 집이 가난하여 술지게미와 쌀겨를 얻어다 먹고 연명하면서 함께 고생한 본처를 이르는 말이다. 이 말은 중국 후한 광무제後漢 光武帝 때 처음 사용되었다. 광무제에게는 호양공주라는 홀로된 누님이 있었는데, 호양공주가 당시 어사대부 송홍宋弘을 은근히 좋아한다는 것을 알고 혼자 사는 누님에게 짝을 지어주기로 마음먹었다. 어느 날 광무제는 송홍과 독대한 자리에서 가만히 속을 떠 보았다.

"속담에 사람이 귀하게 되면 친구를 바꾸고, 부자가 되면 아내를 바꾼다는데 인정이란 이런 것이오?"(諺言 貴易交 富易妻 人情乎)

송홍이 대답했다.

"신은, 가난하고 천할 때 사귄 친구는 잊어서는 안 되고, 술지게미와 쌀겨를 먹으며 같이 고생한 아내는 내칠 수 없다고 들었나이다."(臣聞 貧賤之交 不可忘 糟糠之妻 不下堂-范 曄 後漢書 列傳

16 宋弘傳)

이 말을 들은 광무제는 누님을 중매하려던 생각을 포기하고 말았다. 조강지처라는 말은 여기에서 생겨난 것이다.

그러고 보면 요즘 세상에는 조강지처가 없는 것 같다. 하기야 조강糟糠을 먹고 살 일이 없으니 조강지처糟糠之妻도 조강지부糟糠之夫도 있을 턱이 없다. 요새는 부부간에 헤어지기도 잘하는 세상이다. 확실한 것인지는 모르지만 부부 4쌍 중 1쌍은 이혼한다는 통계가 있다니 기가 찰 일이다. 이혼을 주장하는 쪽도 주로 여자 쪽이다. 가난하고 구차하게 살 바에야 아예 끝내고 만다는 것이 요즘 여자들 생각이라고 한다. 여자들 기세가 대단하다. 코미디 프로에나 나올 법한 유머지만 최근 아내가 남편을 지칭하는 웃지 못할 이야기가 있다. 즉 '영식이 님, 일식 씨, 이식이 놈, 삼식이 새끼'라는 말이 그것이다. 남편이 집에서 하루에 몇 끼를 먹느냐에 따라 붙이는 호칭이라는 것이다. 아내가 남편을 위해서 요리하고 밥상 차리는 모습이 사라져가는 것일까.

조강지처 이야기를 하다 보니 생각나는 일이 있다. 신혼시절, 월급이라고 타오면 다음 달 월급 때까지 대어 나가기가 힘들었다. 돈은 떨어지고 고기는 먹고 싶고, 그럴 때면 아내와 함께 동네 정육점식당에 가서 돼지고기 반근을 외상으로 시켜 잘게 썰어 달래서 프라이팬에 밥과 같이 볶아 둘이 먹고 다음 달 월급에서 갚곤 했다. 비록 조강糟糠으로 끼니를 연명한 건 아니지만 많이도 어려운 때였다. 요새는 고지혈증 걱정으로 식탁에 되도록이면 육류肉類가 오르지 않도록 자제하면서 40년 전 그때 돼지고기 반근을 외상으로 사먹던 시절을 아내와 함께 전설처럼 이야기한다. 내 아내도 조강지처가 틀림없다.

이야기가 엉뚱한 방향으로 흘러갔지만 이야기 하나를 더 해야겠다. 어떤 사람이 "보는 눈은 다 십시일반"이라고 큰 소리치는 걸 본 적이 있다. 그는 아마도 '열 명이 한 숟갈씩만 모아도 한 그릇 밥이 된다.'는 뜻의 十匙一飯(십시일반)을 '열 명이 봐도 다 일반이다'는 뜻으로 해석해서 十視一般(십시일반) 으로 알고 있었을 것이다.

사람은 누구라도 자기야말로 잘 안다고 큰 소리 칠 일이 아니다. 나 자신도 한때 퇴고推敲를 '추고'로, 화룡점정畵龍點睛을 화룡점청으로 읽은 적이 있다.

'안다는 것은 자기가 무엇을 알고 무엇을 모르는지를 아는 것이며, 모른다는 것은 자기가 무엇을 모르는지를 모르는 것' 이라는 말에 전적으로 동감한다. 지금 이 글을 쓰고 있는 나 역시 내가 무엇을 모르고 있는지를 잘 알 수가 없다.

고마리를 닮은 사람들

고구마밭으로 가는 길목, 개울가 습지에 고마리꽃이 무더기로 피어있다. 그곳은 물이 질펀거려 지저분하고 냄새도 심한 곳이었는데 지금은 고마리꽃이 완전히 덮고 있어 깨끗하고 냄새도 별로 없이 아름답게 변했다.

고마리는 남쪽 일부 지방에서 '고만이'라고도 부르는 1년초 식물인 잡초 중에서도 아주 천대받는 잡초다. 고마리가 많이 자라는 곳은 습하고 구질구질해서 아무도 관심 두지 않고 버려진 땅이다. 그래서 옛날 우리 고향에서는 불량배나 노름꾼 등 나쁜 길로 빠진 사람을 가리켜 "그 사람 고만이밭에 빠졌다."라고 말하기도 했다.

그러나 고마리가 비록 천대받고 하찮은 잡초라지만 우리에게 유익한 식물이다. 개울가 지저분한 습지에서 군락지를 이루어 자라면서 물을 정화시켜주는 역할을 한다. 꽃도 아름답다. 장미나 목단처럼 꽃송이가 크고 화려하지는 않지만 무더기로 피어있는 고마리꽃을 보면 그렇게 아름다울 수가 없다. 그것은 마치 수많은 별들이 반짝이는 여름밤의 하늘을 연상케 하고, 녹색 바탕에 흰색과 분홍색의 무늬를 수놓은 융단을 깔아놓은 것 같기도 하다. 고마리는 떼를 지어 어울려 살기 좋아하고 열악한 환경에서도 적응하며 잘 살아간다. 언제나 낮은 자세로 땅 위를 기어가면서 줄기의 중간 중간에서 뿌리를 내려 줄기의 어느 부분을 잘라버려도 죽지 않고 번식하는 끈질긴 생명력도 있다.

초가을, 개울가에 무성하게 자라 꽃을 피운 고마리밭을 보고 있자니 오래 전에 만났던 고마리를 닮은 뚝방촌 사람들이 생각난다.

내가 뚝방촌 사람들을 처음 만난 것은 1980년대 중반이었다. 그때 나는 초임 공무원으로 서울 어느 변두리 지역에 근무하고 있었는데 내가 맡은 지역의 각종 자료를 파악하기 위해 현지답사를 하던 중에 그 동네를 들르게 되었던 것이다. 시내버스 종점에서 내려 1㎞쯤 걸어서 들어가야 하는 곳이었다. 블록, 판자, 루핑(roofing) 등으로 엉성하게 지은 무허가 건물 50여 채가 다닥다닥 달라붙어 있었다. ○○동이라는 행정구역상의 명칭이 엄연히 있는데도 그렇게 부르는 사람은 아무도 없고 그냥 '뚝방촌'으로 통했다. 그 인근에서는 택시를 타도 "○

○동으로 갑시다."하는 것보다 "뚝방촌으로 갑시다." 해야 쉽게 알아들었다. 도로는 포장이 안 되어 바람이 불면 흙먼지가 안개처럼 몰려다니고 비가 내리는 날은 질퍽거려 걸어다니기가 힘들었다. 그래서 '뚝방촌에서 마누라 없이는 살아도 장화 없이는 못 산다.'는 말까지 있을 정도였다. 동네 뒤에 한강으로 흘러들어가는 상당히 큰 하천이 있었는데 둑이 낮아 갑자기 큰비가 내리면 많은 집이 침수될 위험성을 늘 안고 있었다.

처음 그 동네를 방문했을 때는 5월 중순이었다. 하얀 아까시 꽃이 눈부신 나무 밑에서 50~60대로 보이는 남녀 댓 명이 연탄 화로에 돼지고기를 구워놓고 막걸리를 마시는 중이었다. 내가 직함을 밝히면서 찾아온 목적을 말하자 모두 자리에서 일어나 허리 굽혀 인사를 했다. 사람들이 참 순진하고 얌전해 보였다. 그중에 한 사람이 나의 손을 잡아끌며 말했다.

"자, 앉으시오. 우선 한잔하면서 이야기합시다."

근무 시간이라 안 된다고 사양해도 별소릴 다 한다면서 막무가내로 잡아 앉혔다. 마치 어렸을 때 살던 시골 마을의 훈훈한 분위기를 연상케 했다. 여기가 정말 서울인가 싶었다.

그렇게 해서 연을 맺은 그 동네 사람들과 정을 주고받으며 지낸 기간이 7년쯤 된다.

비가 많이 내려 하천이 넘치려고 하면 한밤중에라도 아까시 나무에 걸어놓은 스피커로 대피하라는 방송을 해대고 살림을 옮겨야 하는 곳이었다. 한겨울 눈이 내리는 날에는 경사진 골

목에서 아이들이 나무판자나 플라스틱 조각으로 미끄럼을 타느라 왁자지껄 시끄러웠다.

마을은 평화롭고 사람들은 순박하고 따뜻했다. 그들은 이웃과 마주 앉아 삼겹살 한 근과 소주 한 병에서 행복을 느끼는 사람들이었다.

주어진 환경에 적응하면서 분수대로 살아가고 잘사는 사람을 시기하지도 않고 자신의 처지를 비관하지도 않았다. 자기의 처지를 아는 사람들이었다. 모두를 내 탓으로 여기고 정부를 원망하거나 남을 탓하는 법이 없었다. 잘살고 못사는 것은 오직 내 팔자소관이요 내 복에 달렸다는 것이다.

사람들이 정직하고 심성이 고왔다. 탈세, 병역기피, 부동산 투기, 과외열풍과는 거리가 멀었다. 동네에서 무슨 불미스러운 사건이 나도 되도록이면 자체적으로 해결하고 관청에 고소나 고발하는 것을 부끄럽게 여겼다.

사람들의 얼굴은 검고 투박했지만 늘 평화롭고 웃기도 잘했다.

동네서 초상이 나거나 재앙을 당한 사람이 생기면 누구라 할 것 없이 스스로 모여들어 상부상조하고 누구네 자녀가 좋은 대학에 합격하면 마치 자기의 일처럼 기뻐했다.

언젠가 한번은 공휴일에 놀러갔더니 동네 공터에 현수막을 걸어놓고 사람들이 모여 장구를 치며 놀고 있었다. 현수막에는 "축! 강만복 씨 다섯째 딸 강필남양 공무원 시험 합격"이라 씌어있고 한쪽에는 탁자 위에 막걸리통도 보였다.

내가 직장에서 근무지를 지방으로 옮기면서 멀리 떠나 그 동네를 가보지 못한 지가 벌써 20년도 넘었다. 그러다 보니 서로 연락도 끊겼다. 한번이나 놀러 가야겠다고 벼르기만 하고 가지를 못했다.

내가 떠난 후 개천 하나를 사이에 둔 저쪽 동네에 재개발 바람이 불어 아파트 숲이 들어서고 고층 빌딩이 하늘 높이 치솟았다고 했다. 그러나 그 뚝방촌은 그냥 그대로 있다는 말을 풍문으로 전해 들은 적이 있다. 하지만 지금쯤은 재개발이 되어 의젓한 아파트촌으로 변했는지도 모르는 일이다.

잡초라고 모두가 멸시하고 천대해도 척박한 땅에 모여 자라면서 아름다운 꽃을 피우고 물을 정화시키는 고마리, 그 고마리를 닮은 뚝방촌 사람들이 잘 있는지 궁금하고 종종 생각이 난다.

【연보】

▣ 1941년 전남 순천시 주암면 어왕리에서 父 河永洙와 母 鄭福順의
2남으로 출생

▣ 순천 주암 초등학교 졸업(제33회)

▣ 광주 서 중학교 졸업(제35회)

▣ 광주 제일고등학교 졸업(제8회)

▣ 전남대학교 법과대학 법학과 졸업(제14회. 1970년)

▣ 국가공무원 30년 근무 정년 퇴직

▣ 2010년 월간《수필과비평》誌에 수필 〈장날〉
신인상 당선 등단으로 문학활동 시작

▣ 수필집:《세웃골 솔밭 그늘에》
《막걸리 한잔 하고 가시오》
기타 공저 다수

▣ 문학활동 : 수필과비평작가회의 회원
신촌 에세이포럼 회원
2016년 매일신문 제2회 시니어문학상
수필부문 특선

현대수필가 100인선 Ⅱ · **44**
하병주 수필선

그때는 그랬다

초판 인쇄 2017년 7월 25일
초판 발행 2017년 8월 01일

지은이 하병주
펴낸이 서정환
펴낸곳 수필과비평사 · 좋은수필사
주소 서울시 종로구 삼일대로 32길 36(운현신화타워) 305호
전화 02)3675-5635, 063)275-4000 **팩스** 063)274-3131
등록 제 300-2013-133호
이메일 sina321@hanmail.net essay321@hanmail.net

ISBN 979-11-5933-095-7 04810
ISBN 979-11-85796-15-4 (전100권)

값 8,000원

이 도서의 국립중앙도서관 출판예정도서목록(CIP)은 서지정보유통지원시스템 홈페이지(http://seoji.nl.go.kr)와 국가자료공동목록시스템(http://www.nl.go.kr/kolisnet)에서 이용하실 수 있습니다.(CIP제어번호: CIP2017018360)